ライフネット生命保険 社長
出口治明

直球勝負の会社

日本初！ベンチャー生保の起業物語

ダイヤモンド社

はじめに

私は日本で生まれて六〇年以上をこの国で過ごしてきました。私は旅が大好きで、正確に数えたことはありませんが、おそらく五〇か国以上、一〇〇〇都市以上を訪ね歩いていると思います。それでも、日本の四季の移ろいの精妙な美しさ、水や食事の美味しさは、格別だと思っています。私は次の世代に、この日本をよりよい形で引き継いでいきたいと心から願っています。

同じように、私は生命保険業界で四〇年近く働いてきました。私は、生命保険は健全な社会の基礎的なインフラの一つとして必要なものだと思っています。ですから、生命保険をよりよい形で次の世代に引き継いでいきたいと願うのは、ごく自然な思いです。

ようするに、人間は自分の持ち場で一所懸命に生きることが一番自然な形だと思うのです。

私は、旅に加えて活字が大好きです。過去に生きていた先人の事跡を学ぶにつれ、人間は自分の意思や意欲だけでは必ずしも物事を成し遂げることができないのではないか、と考えるようになりました。人智を超えた大きな時代の力がつねに働いているのです。人間は一人では生きていくことができません。すべての人間は他者や時代との「関係性」のなかで生かされているのです。私は、そうであれば、川の流れに身を委ねて自然体で生きていこうと思うようになりました。たとえば、五年先、一〇年先のあるべき姿をまず決めて、そこから、いわば現価に引き戻した形で懸命に努力する生き方もあります。それはそれですばらしいと思いますが、私には、川の行く先が見えないのでそのような生き方はできないのです。私は、毎日毎日を悔いのないように生き、その時々の人々との出会いを大切にしながら、よく食べよく眠って元気に明るく生きていく、言い換えれば「自分に正直に生きていく」ことが、何よりも大切だと思っています。

二〇〇六年の春、私はたまたまある人と出会ったことがきっかけで、ゼロから生命保険会社をつくることになりました。還暦に近い年齢でしたが、正直、年齢を意識したことは一度もありません。意識したのは、ゼロから生命保険会社をつくる機会に恵まれたことは、ほとんど僥倖《ぎょうこう》に近いという思いでした。ならば徹底して自分に正直になり、自分が思うとおりの理想の生命保険会社をつくらなければ、僥倖に恵まれなかった他の人々に対して申し訳がないという気持ちで一杯になりました。

私が、起業の準備に取りかかった時期は保険金の不払い問題の渦中でした。生命保険は、いざという時に迅速に支払われて初めて、その効用が実感される商品です。不払いが話題になること自体が恥ずべきことです。生保不信ここに極まれりという感がしました。消費者団体は、「複雑極まりない商品」「複雑な商品を説明できない保険募集人のプッシュ型販売」「それらを放置した経営の責任」のいわば三位一体構造が不払い問題の原因だと、厳しく指摘していました。それを聞いて襟を正す思いを禁じることができませんでした。消費者はこのような厳しい目で生命保険業界を見ているのです。そうであれば、「わかりやすくシンプルな商品」「プッシュ型販売をやめてプル型販売に徹する＝お客さまに選んでいただく」「情報公開を徹底して真っ正直な経営を実現し、お客さまの生保不信を払拭する」新しい三位一体構造を実現することこそが、生命保険をよりよくする道ではないでしょうか。少なくとも、私はそう信じています。そこで私は、新しい会社をどこに出しても恥ずかしくないど真ん中の直球勝負の会社にしようと決意しました。

私は、かつて勤務していた日本生命や生命保険協会で、多くのすぐれた諸先輩に生命保険のイロハをたたき込まれました。私の経験や知見のすべては、それらの諸先輩に教えていただいたものです。還暦を迎えた私が、それらの諸先輩に対して恩返しをする唯一の方法は、私の経験や知見のすべてを投入して、生保不信を終わらせ（生命保険をよみがえらせ）、生命保険をよりよい形で、次の世代に引き継ぐことしかないと念じています。私は、そういう思いに駆られて、二年の月日をかけて、七四年ぶりの独立系の生命保険会社を立ち上げました。本書は、その顛末を記したものです。

最後に、当然のことではありますが、本書の中で意見にかかわる部分は、すべて私の「個人的な見解」であり、ライフネット生命保険株式会社とは一切関係がないことをお断りしておきたいと思います。ささやかな書物ではありますが、読者の皆さまの忌憚のないご意見を頂戴できれば、これに過ぎる喜びはありません。ぜひ、hal.deguchi.d@gmail.com まで直接メールをお寄せください。どうかよろしくお願いします。

直球勝負の会社◇目次

第3章 手づくりの生命保険会社　65

第4章 保険料を半額にできるか 105

第5章 起業の原点は日本生命での経験 137

第6章 直球勝負は始まったばかり　181

第１章

還暦ベンチャー発進！

きっかけは谷家さんとの出会い

私は、一九四八年四月一八日の生まれです。長く日本生命で働いてきました。私が社長を務めるライフネット生命が開業したのは二〇〇八年五月一八日でしたから、友人の言葉を借りれば、まさに「還暦のベンチャー」ということになります。「六〇歳を過ぎてから、しかも生命保険のような時間のかかるビジネスによく取り組む気になりましたね」と言われることがしばしばあります。「いつ頃から、準備を始めたのですか」ともよく聞かれます。信じていただけないかもしれませんが、実は、ライフネット生命の誕生は、偶然の産物だったのです。

それは、二〇〇六年三月の中旬頃だったと思います（私は手帳の類は一切持たない主義なので、正確な日時は確かめようがないのです）。当時、私は、日本生命の実質的な子会社である大星ビル管理で働いていました。二〇年来の友人である伊佐誠次郎さん（当時、朝日ライフアセットマネジメント社長）から、電話がかかってきたのです。「知人が生命保険に詳しい人間を探している。生保の現状について少し話をしてやってほしい。どうせおまえ、暇だろう」。確か、そういう内容でした。

伊佐さんが紹介してくれたのは、あすかアセットマネジメントリミテッドの谷家衛さんという人でした。会社名も谷家さんの名前も、それまで聞いたことがありませんでした。でも、私は、昔から「友人の友人は友人」と考えてきましたので、いつものように詮索は何もしませんでした。教えられた電話番号で谷家さんと連絡を取り、三月末の夜九時、六本木の東京全日空ホテル（現ＡＮＡインターコンチネンタルホテル東京）のロビーで会うことになりました。

私は時間に束縛されるのが嫌いで、腕時計を三〇代で捨ててしまったので正確な時間は覚えていませんが、二〇分程、待っていたのでしょうか、小柄な少年のような人が、小走りでロビーに入ってきました。澄んだ目がきらきらと輝いていました。それが、谷家さんでした。後から考えると、私は一目で谷家さんを好きになってしまったのだと思います。時間も遅かったので、一階下の宴会ロビーで話を始めました。私は、口頭で生命保険業界が抱えている課題についてごく手短に説明しました。説明が終わると谷家さんが「よくわかりました。こんなに保険に詳しい人に会ったのは初めてです。あすかグループに来てください。全力でサポートしますから、一緒に保険会社をつくりましょう」と言われたのです。あまりにも唐突だったせいでしょうか、私は考えるより先に直感で「いいですよ」と即答してしまいました。これが、ライフネット生命プロジェクトが誕生した瞬間でした。

谷家さんはたたみかけるように「明日から準備にかかりますが、何をすればいいですか」

と問いかけました。私は、集中して次のように考えました。「イエス、と言ってしまったのだから、谷家さんが自分の新しい運命だ。これまでの自分をすべて捨ててしまって、谷家さんと一緒にゼロから再出発してみよう」と。そこでこう答えました。「ビジネスプランは私の頭の中にありますが、パートナーが必要です。若くて生命保険を知らない人を紹介してください」「出口さん、ピッタリの若者をもう採用してあります。今、アメリカにいますが四月にでも呼び寄せましょう。岩瀬大輔君と言います」。

私は、その時は、正直なところ谷家さんの言われたことがよくわかりませんでしたが「では、よろしくお願いします」と答えて、その晩は別れました。お茶一杯も飲まず全部で一時間足らずのごく事務的な打ち合わせだったと記憶しています。

メディアの方から取材で「谷家さんに会った時は、どんな資料を持参されたのですか（手ぶらで行きました）」とか「起業が決まってさぞ感激されたでしょう（いや、そんなことはありませんでした）」「還暦に近い年齢で起業することに抵抗はなかったのですか（若い時に谷家さんに出会わなかったので仕方がありません。また、年齢はこれまでに一度も意識したことはありません）」などと尋ねられることが多いのですが、右のように答えるとたいてい怪訝な顔をされます。でも、事実なのですから仕方がありません。谷家さんとの初めての出会いは、劇的なシーンなどは何もなく、本当に淡々としたものでした。

パートナーとの出会い

「ベンチャーではパートナー選びが一番大切だ」と言われています。私もそうだと思います。おそらく一番簡単な方法は、私が勤めていた日本生命から気心の知れた優秀な同僚を連れてくることだったと思います。けれども、それでは日本生命のＤＮＡをそのまま引き継ぐ会社になってしまいますし、ゼロから立ち上げることにはならないと考えて、パートナー選びを、谷家さんに一任したのです。「若くて生命保険を知らない」という条件は、私にはないものを求めたのです。いわば、私は、起業の最初の瞬間にパートナー選びを谷家さんに任せるというリスクを取ってしまったのです。谷家さんは初対面でしたし、「岩瀬君」という名前も、もちろん初耳でした。でも、谷家さんの笑顔は、リスクを取ることを躊躇する隙を与えませんでした。

ところで、パートナーとなる岩瀬君との出会いも同様に淡々としたものでした。二〇〇六年四月のある土曜日の朝一〇時、谷家さんからの連絡で、当時は赤坂にあったあすかアセットに出向きました。ハーバード大学ＭＢＡ（ビジネススクール）に留学中の岩瀬君が一時帰国するので引き合わせたいということでした。谷家さんと会うのは、二回目です。

会議室に入ると、中肉中背の若者がいました。私の娘より若そうだ、というのが第一印象でした。これが、パートナーとなる三〇歳（当時）の岩瀬君との初めての出会いだったのです。彼は、分厚いプレゼンテーションの資料を用意していました。ニッチな損害保険会社をつくりたい、という内容でした。私は何も用意していませんでしたので、岩瀬君のプレゼンを聞いた後、ペンを借りてホワイトボードにライフネット生命のアイデアを示しながら話をしました。その後少し議論をして、私のアイデアでいこう、ということになりました。近くのラーメン店でお昼を食べて、谷家さんや岩瀬君とは別れました。

後で知ったことですが、谷家さんは、岩瀬君がハーバード大学に留学中に書いていたブログに惹かれて会い、二〇〇六年の一月に岩瀬君を採用したということです。具体的な仕事は、岩瀬君が留学から戻るまでに考えておく、ということだったらしいのです。岩瀬君もずいぶん面食らったことだとは思いますが、彼は意外にしっかりしていて、谷家さんの人となりを、谷家さんの親友である松本大さん（マネックスグループ代表取締役ＣＥＯ）にヒアリングした後で、入社を決めたようです。岩瀬君からは「谷家さんのレファレンス（経歴）ぐらい（転職前に）取るべきですよ」と、後でからかわれました。

アメリカに戻った岩瀬君とは、その後はメールでやりとりをしました。とは言っても彼には学業がありましたから「時間があればアメリカのインターネット生保の状況を調べておいてよ」「わかりました」といった類の他愛のないものがほとんどでした。

私の方は、岩瀬君が帰国する七月までの間に、ライフネット生命の骨格となるビジョンをある程度整理しておこうと考えました。しばらく集中して考えた結果、三つのビジョンが浮かび上がってきました。後でお話ししますが、それらは「保険料を半額にしたい」「保険金の不払いをゼロにしたい」「（生命保険商品の）比較情報を発展させたい」です。

まったくのゼロスタートで白地に絵を描くように生命保険会社をつくるという滅多にない機会が与えられたのですから、この三つのビジョンは何としても実現したい、と固く心に誓いました。

独立系の生命保険会社をつくる

三つのビジョンが固まった後は、論理必然的に、独立系の生命保険会社をつくるほかはないという結論に至りました。第二次世界大戦後に免許を取得した生命保険会社は、すべて内外の保険会社を親会社として設立されていました。親会社が保険会社であれば、ノウハウやスタッフの面で助けてもらうことができます。たとえば、アクチュアリー（保険会社で保険料率の算出などを業務とする専門職）や医師の派遣、事務システム構築のノウハウなど、設立当初は大変なサポートになるに違いありません。しかし、親会社が保険会社であれば、「保険料を半額にしたい」とか「比較情報を発展させたいので付加保険料を開示したい」と私が言い出した時、株主から賛同が得られるでしょうか。おそらく答えはノーです。私が自らの主張に固執すれば、早い話、私のクビが飛ぶでしょう。保険会社が親会社であれば、白地に絵を描くことはできないのです。

私は、改めて金融庁のウェブサイトの保険会社にかかわる部分を五年分ほど丁寧に読み込みました。さりげない文書の行間に散りばめられている金融庁の真意を探ろうとしたのです。そして次のような確信を持ちました。

「金融庁は健全な競争を望んでおり、新規参入を忌避しているわけではない。必要な条件を備えさえすれば、親会社に保険会社がなくても必ず免許を取得することができる」

のちに、出資を求めて株主にお願いに回った時、一番多く出た質問は「独立系の生命保険会社の設立は戦後初めての挑戦だということですが、本当に免許はもらえるのですか」というものでした。私は「必ずもらえます」と答えましたが、その根拠は、金融庁のウェブサイトにあったのです。

結果的には、ライフネット生命は、第二次世界大戦後初の、ゼロから立ち上げた独立系の生命保険会社となりました。これは、一九三四年に日本経済団体連合会を母体として設立された（旧）日本団体生命（現アクサ生命）以来、七四年ぶりのことになります。

ところで、世の中のすべての物事には表と裏があります。言い換えればすべての物事はトレード・オフの関係にあって、いいとこ取りはできない、ということです。独立系の生命保険会社としてライフネット生命は、自ら正しいと信じることを経営の責任で行うことができます。しかし、そのことは、誰も助けてくれないということとほとんど同義だと覚悟しなければなりません（実際には、一七社の株主に大変なお世話になっていますが）。

たとえば、保険料計算の基礎となる生命表は公開情報ですから、誰でも利用することができます。しかし、ライフネット生命に医療保険の開発に必要なデータを提供してくれる保険会社はどこにもないのです。私たちは、厚生労働省の患者調査など公開されているデータを拠り所にするしか方法がありません。このようにメリットとデメリットは何事でも相半ばするものですが、私は、三つのビジョンを実現するために、独立系という道を自ら選択したのです。

こうして、岩瀬君が帰国するまでに、ライフネット生命の骨格となるビジョン（保険料を半額にする、保険金の不払いをゼロにする、比較情報を発展させたい、独立系の生命保険会社をつくる）は、ほぼ私の頭の中で固まっていました。

二人で始めた第一歩

私は、二〇〇六年六月の株主総会で、大星ビル管理の取締役を辞任しました。辞職願を野呂正則社長（当時）に提出した時、野呂社長は一言「君が決めたことなら」と言われて気持ちよく受理してくださいました。野呂社長も日本生命の出身ですが、私は、三四年間のサラリーマン生活を通じて、本当によい会社とよい上司に恵まれたと深く感謝しています。わがままな私に、これだけ自由に伸び伸びと仕事をさせてくれた会社は、多分、日本生命をおいてほかにはなかったことでしょう。その恩義に報いるためには、ライフネット生命を成功させて、わが国の生命保険を少しでもよくすることしかないと念じています。

二〇〇六年七月、私は、谷家さんの会社「あすかアセットマネジメントリミテッド」に顧問という形で入社しました。その頃、ＳＢＩホールディングスがアクサ生命保険と組んで、ネット生保の設立準備を進めているらしい、という噂が聞こえてきました。噂は、本当でした。七月二六日、ＳＢＩアクサ生命設立準備のプレス発表が行われたのです。私は、「一社よりも複数社がネット生保を立ち上げた方が市場の立ち上がりが早くなる」と思っていましたので、この発表を見てとても心強く感じたことをよく覚えています。

七月に岩瀬君が留学から戻ってきました。しかも、ベイカー・スカラー受賞という勲章つきで。これは、ハーバード大学ＭＢＡの卒業生のうち上位五％の成績優秀者に与えられる栄誉で、日本人でこの栄誉を受けたのは、これまでわずか三名しかいないということです。岩瀬君は四人目の大秀才ということになるのです。しかし、岩瀬君は賢いだけではありませんでした。

仕事を始めてすぐに私は、彼のすばらしい美質に気がつきました。若くて優秀な人にありがちな欠点がないわけではありませんが、岩瀬君はとても率直な一面を持ち合わせていたのです。私は、一冊の本を挙げよと言われれば、ためらうことなくＭ・ユルスナールの『ハドリアヌス帝の回想』を挙げます。その中に、若きハドリアヌスが自らの美質として素直さを挙げるくだりがあります。同じような素直さを、私のパートナーは持ち合わせていたのです。私は、すぐに岩瀬君を好きになりました。谷家さんは、最上のパートナーを与えてくれたのです。

よく、「なぜ、（若くて生保の経験のない）岩瀬君をパートナーに選んだのですか」と聞かれることがあります。「大きなリスクを取ったのではありませんか」と。確かに、普通に考えれば、前述したように気心の知れた同僚を日本生命から連れてくるのが、常套手段でしょう。しかしライフネット生命は、まったく新しい独立系の生命保険会社としてゼロから立ち上げるのです。私のパートナーが生命保険に熟達した人間であれば、きっと生命保険の常識が邪魔をして、大きな飛躍は望むべくもないでしょう。それにすべては後の祭りで、谷家さんとの最初の出会いで、私はリスクを取ってしまったのですから、どうしようもありません。私とは正反対の「若くて生保経験のない人を探してください」と、お願いしたのですから。岩瀬君は、確かに最大のリスクではありますが、同時に最大の可能性でもあります。この信念は、一度も揺らぐことはありませんでした。

ちなみに、私は昔から、長所と短所はまったく同じもの（その人の個性）であり、長所を伸ばして短所を直すという考え方は、そもそもありえないと思っています。無邪気にそう考えている人は、トレード・オフというものが理解できないのです。人はすべて、三角形や四角形であり、長所を伸ばして短所を直そうとすれば、三角形や四角形の中に収まる小さな円（覇気を失いひたすら円満を心がける面積の小さな人間）になってしまうだけではありませんか。私は岩瀬君をパートナーとして選んだことについて、ただの一瞬も後悔したことがありません。岩瀬君と二人三脚でやってきたからこそ、今日のライフネット生命があるのです。

こうして、私と岩瀬君は、谷家さんの会社の近くの赤坂のビルの一室で、仕事を始めることになりました。この小さな部屋には、私たちのほかに、二社（谷家さんの関係会社）が同居していました。

ライフネット生命のアイデアはこうして生まれた

ここで、時計の針を少し戻してみたいと思います。冒頭で、私は、谷家さんに会った時、「ビジネスプランは私の頭の中にあります」と答えたということを述べました。実は、インターネットを使って生命保険を販売するというアイデアは、谷家さんに会う数年前からかなり具体的なイメージを伴ってほぼ出来上がっていたのです。その顛末を順を追ってお話ししておきましょう。

日本生命で働いていた頃、不思議に思うことが一つありました。総合職の職員の多くが、実は、日本生命が販売している個人保険をあまり購入せず、保険料の安い団体定期保険である「Bグループ保険（拠出型）」のみに加入していることでした。しかし、Bグループ保険は、原則として大企業か大官庁の職員でないと加入できない生命保険です。中小企業にはBグループ保険という制度があまり普及していません。Bグループ保険の恩恵を受けている市民、消費者はごく一握りであり、また転職すれば、その瞬間に保障は途切れてしまいます。そこで、生命保険会社に勤務している職員がこぞって加入している安くて便利な

Bグループ保険を、あまねくすべての市民にバラ売りできるような仕組みが考えられないだろうか。私の頭の中では、そのような考えが徐々に形を取り始めていました。

二〇〇〇年頃、アメリカでインターネットで保険を販売するという記事を読みました。わが国でも一九九九年にはネット証券が開業していましたし、二〇〇〇年にはネット銀行も生まれていました。保険料が高くなる最大の要因である販売部隊（セールスパーソン）を、インターネットに置き換えれば、Bグループ保険のバラ売りが実現できるのではないか、私は、そう考えるようになりました。そして、このアイデアに「e-life」という仮名をつけました。

二〇〇一年の初秋、私は友人の田邊敏憲さん（当時、富士通総研主席研究員）と飲んでいました。出版する本（『新資源大国を創る』）の相談をしていたのです。田邊さんが「何か面白いビジネスアイデアはないか」と聞いたので、e-lifeの話をしたところ、飛びついてきました。「面白い、やってみようよ」と。

当時の私は、まだITリテラシーが低く、ワープロもメールも使えませんでしたので、私が万年筆で書いた殴り書きのe-lifeのアイデアを、田邊さんがタイプして、企画書の体裁に整えてくれました。そして、顔の広い田邊さんが、大きい事業会社数社のアポを取ってくれたのです。こうして、二人で二〇〇一年の秋に、就業時間後、出資者探しを始めました。e-life のアイデア自体は概ね、皆さんの賛意が得られたと思いましたが、しかし出資となると話はまったく別でした。私たちが回ったほとんどの事業会社の筆頭株主は生命保険会社だったからです。「アイデア自体は面白いけど、筆頭株主が喜ばないような話にはとても乗れないですね」そういう回答が、判で押したように返ってきました。

私は、機が熟していない、と感じました。風が吹いていない時に凧を揚げることはできないと。風が吹くまで待てばいいし、風が吹かないならそれもまた運命だと。こうして、最初の小さな試みは、あえなく挫折しました。

別の友人が、「源氏」という名で、小さな会社を興していましたので、当時私はこのプロジェクトを、冗談めかして、「平家」と呼んでいました。しかし平家プロジェクトは、産声すらあげることはできませんでした。

平家プロジェクトでは思い出す人がいます。東京で開かれたある投資銀行のセミナーで、「中国の金融政策は優れているが、日本の金融政策はなっていない」と悪しざまに批判しているアメリカ人がいました。私は昔、日本銀行を担当していたことがありましたので、ちょっと腹に据えかね、講演会終了後のパーティで彼をつかまえて、あまりにも一方的だと文句を言いました。交換した名刺を見たら、ドーンブッシュという名前の人でした。

その時は、そのまま忘れてしまいましたが、半年後、彼から電話がかかってきました。「東京に来たのでホテル・オークラで朝飯を食わないか」という誘いでした。その時に初めて、彼がクリントン政権に多大の影響力を持つと言われていたMITの著名な国際経済学者、ルーディ・ドーンブッシュ教授であることに気がつきました。出会いは一九九七年頃だったように思いますが、それから彼とは東京で時々朝飯を食べるようになり、彼はほぼ四半期ごとに発表していた世界経済と為替に関する見通しを私にも送ってくれるようになりました。

e-lifeのアイデアを田邊さんと相談していた時、ドーンブッシュさんが来日したので、このアイデアを話したうえで、「生命保険は信用力がカギとなるが、新設会社では信用力の確保が難しい」と説明しました。すると、「私がアドバイザーになってあげるよ。多少の信用力はつくだろう」とウィンクしてくれたのです。冗談だったのかもしれませんが、私は、企画書に、e-lifeのアドバイザーとして、ドーンブッシュさんの名前を書きました。

二〇〇三年の四月、私は、それまで勤めていた日本生命保険から、大星ビル管理に転勤（出向）になりました。五五歳でした。もう生命保険の世界に戻ることはあるまいと思った私は、生命保険の本を一冊、書きたいと思いました。ちょっと大袈裟な表現ですが、日本生命や生命保険業界の若い職員に対して「遺書」を遺したいと思ったのです。三か月ほど集中して、原稿を書き上げました。完成した原稿は、私が昔から生命保険業界のベスト

&ブライテストと思っている友人に添削を兼ねて目を通してもらいました。彼に「世の中に出す価値がない」と言われれば、出版しないつもりでした。幸い彼の評価がそう悪くはなかったので、出版しようという気持ちになりました。さて、これからどうするか。出版社に勤める親しい友人の顔が何人か浮かんでは消えました。でも、友情で出版してもらうのも何か気がひける、と何でも即断即決の私にしては、珍しく躊躇していました。

ちょうどその時、友人の塩原俊彦さん（当時、高知大学）と飲む機会がありました。塩原さんは、日本経済新聞社と朝日新聞社で記者をされた後ロシア研究に転じた異色の学者です。塩原さんに原稿の扱いで少し悩んでいることを打ち明けたところ、「私が、その原稿を預かりましょう。岩波書店と講談社に持ち込んであげますよ。彼らが出版する気になれば、それは価値がある原稿だという証拠になるでしょう」と、まさに渡りに船の話をいただきました。即刻、原稿を塩原さんに預けたことは言うまでもありません。

こうして、最初の原稿に少し手を加え、二〇〇四年六月に初めての著書『生命保険入門』が、岩波書店から世に出る運びとなりました。塩原さんに依頼した時点で、早く返事をいただいた出版社から出版しようと決めていました。講談社より、岩波書店の方が少し返事が早かったのです。私は、ネット生保のアイデアを含めて、私が学び経験した生命保険に関するほとんどすべての知見を、この小冊子の中に書き込みました。幸い『生命保険入門』

は、読者の皆さんのおかげで七刷まで増刷されました。

二〇〇五年の秋、外資系ファンド会社に勤める友人から電話がありました。経営不振のとある生命保険会社を再建するために知恵を貸してほしい、という依頼でした。私は、極論すれば、現在の保有契約をすべて売却し会社を閉鎖して免許だけを残したシェル・カンパニーの形にして、ゼロから新しくネット生保を立ち上げるべきだとアドバイスしました。

このアドバイスは実りませんでしたが、ちょうど二〇〇五年一一月二四日付で金融庁が「保険業法施行規則の一部を改正する内閣府令等」(案)を公表したばかりでした。これは、重大な意味を持っていたのです。つまり、二〇〇六年四月から、生命保険料の手数料部分(付加保険料)を自由化して経営判断に委ねますよ、もっと自由に価格競争をしてもいいですよ、と言っていたのです。ネット生保が誕生する土俵は徐々にその形を整えつつありました。凧を揚げる風が吹き始めたのです。

このように、本の出版や生保再建に関わる友人との議論等を通じて、ネット生保のビジョンはより明瞭な形となって固まっていきました。ライフネット生命は、こうして私の頭の中でほぼ五年の歳月を経て、孵化していたのです。ただし、私自身は「遺書」を書いてしまっていたこともあり、生命保険業界に戻るつもりは毛頭ありませんでした。谷家さんに会うまでは。

準備会社の設立

話を戻しましょう。岩瀬君と私の仕事場は、あすかアセットの近くの小さなビルの一室にありました。仕事を始めた二〇〇六年七月には、もう一人、やはりハーバード大学のMBAに留学中の女性が、インターンとして一か月手伝ってくれました。最初にやるべきことは、私の頭の中にあったアイデアやビジョンをビジネスプランとして形にすることでした。二人は、生命保険のことをほとんど何も知りません。でも若さの力か、二人はまるで海綿が水を吸うように、瞬く間に生命保険に精通していきました。もちろん、三つのビジョンをはじめとするライフネット生命のあり方について、岩瀬君と徹底して議論を重ねたことは言うまでもありません。

もう一つ、課題が残されていました。生命保険会社をつくるためには、保険料等を計算するアクチュアリーが必要不可欠です。アクチュアリーが不在では、物事が前に進みません。しかもアクチュアリーは、日本で最も難しいと言われている資格試験をパスする必要があって、日本全体でわずか一〇〇〇名強しかいないのです。

脳裏には、日本生命出身でチューリッヒ生命保険を立ち上げ、その代表を八年間勤めた後、故郷の大阪に帰った野上憲一君の顔が浮かびました。しかし年賀状の記憶では、彼は法科大学院に通って、司法試験の勉強をしているはずです。はたして参加してくれるだろうか自信はありませんでしたが、七月のある日、大阪に行って彼に会いました。彼は、即答で参加を承諾してくれました。ただし、立ち上げまで当初の三年間はお手伝いするが、その後は自由にさせてほしいということと、法科大学院を卒業して司法試験を受けたいので、上京は翌年六月になるという条件でした。それまでの間はメールと出張で対応します、ということでした。私に異存はありません。こうしてアクチュアリーも決まりました。

その後、アクチュアリーに関してはアフラックの保険計理人を務めた福田尚正さんにお会いし、ライフネット生命の保険計理人になっていただくことができました。

野上君は、ライフネット生命が立ち上がった後、二〇〇八年一二月末に退社し、とある外国の再保険会社の日本代表に就任しました。新しい職場での活躍を祈っています。

ところで谷家さんは、あすかグループ内に「あすかDBJ投資事業有限責任組合」というファンドを設立していました。このファンドは、あすかグループと日本政策投資銀行（DBJ）が組成したもので、ペイシェントキャピタル（長期資本）を供給することを設立目的の一つとしていたのです。私たちがこれからつくり上げようとしている生命保険会社の資本の一部は、このファンドから拠出してもらう運びになっていました。

投資の意思決定を司る投資委員会は、四名のメンバーから成っていました。谷家さんを含めてあすかグループから二名、ＤＢＪから二名です。二〇〇六年八月の初め、この四人のメンバーを前に、岩瀬君にプレゼンテーションを行ってもらいました。私の頭の中にあったアイデアは、一か月足らずの間にハーバード・スタイルの整然としたビジネスプランに進化していました。そして無事、四名の納得が得られました。これで最初の株主が固まったのです。

ただ、生命保険会社の設立時に必要な資本は、一〇〇億円という相場が噂されていました。谷家さんのアイデアで、資本政策を容易にするべく、もう一社設立母体となる会社を探そうということになり、マネックスの松本さんを紹介してもらいました。八月の中旬、こうして私は、松本さんに初めて会いました。松本さんは、独特のオーラを持つチャーミングな人でした。その場で、「やりましょう」と言ってくださったのです。

一〇月には、準備会社をつくろうという段取りになりました。準備会社の名前については、ネット銀行、ネット証券がすでにあるということで、ネット生保、これをもじって「ネットライフ企画」ということになりました。これは確か、松本さんの発案だったように思います。こうして、二〇〇六年一〇月二三日、あすかＤＢＪとマネックスの折半出資で、資本一億円（資本準備金五〇〇〇万円を含む）の準備会社が誕生したのです。なおこの準備会社は、免許書をいただいて二〇〇八年四月にライフネット生命に社名変更しましたが、本書ではライフネット生命で通します。私と岩瀬君は、直ちにあすかアセットから準備会社に転籍しました。定款の認証や登記手続きも、全部二人でやりました。慣れないことで、いくつかのミスもありましたが、手づくり感があってとても楽しい仕事でした。監査役には、伏見泰治さん（ツネイシホールディングス代表取締役会長）に就任してもらいました。「報酬も払えないベンチャー企業ですが」とお願いしたところ、二つ返事で引き受けてくださったのです。

この準備会社は二年間の時限立法会社でした。つまり、二〇〇八年九月末までに生命保険の事業免許が取得できなければ解散する、という条件がついていたのです。それまでに免許が取れなければ私も岩瀬君も失職することになるわけですが、根が楽観的な私は、必ず免許は取れるものと信じていましたので、まったく心配はしませんでした。

準備会社設立の少し前に、古巣の日本生命に挨拶に出向きました。仮にライフネット生命が首尾よく発足できたとしても、横綱に新弟子がぶつかるようなものでまったく勝負にもならないことはよくわかっていましたが、外形だけを見れば、競合会社を立ち上げるということになります。日本生命元副社長の正田文男さんに相談したところ、「素直に挨拶に行ったら」というアドバイスをいただいたので、経営企画担当の新居尊夫副社長（当時）を、お訪ねしました。「う～ん、会社としては正面きって賛成はできないが、頑張ってください」といった趣旨のお話をいただきました。励ましてもらって、とても元気が出たことをよく覚えています。

ベンチャー発進

準備会社を立ち上げた後で、金融庁に挨拶に行くことになりました。普通のベンチャーなら、お金集め、人集め、事務システムづくり、の三つで用が足りますが、生命保険会社の場合は、内閣総理大臣の免許書をいただかなければなりません。その日は、どしゃぶりです。私は「幸先がよい」と思いました。なぜなら、これ以上お天気が悪くなることはないのですから。金融庁監督局保険課に挨拶をして、担当窓口を紹介していただきました。

私は、日本生命時代、「ＭＯＦ担」（当時の大蔵省担当）をやっていたことがありました。その時お世話になった方が何人か金融庁にいることは、よく知っていました。けれども、谷家さんと出会ってゼロから生命保険会社を立ち上げようと決めた時から、古い自分は捨てて、昔の人脈は滅多なことでは使うまい、と決めていました。加えて大蔵省と金融庁はまったくの別組織ですし、私がＭＯＦ担をやっていた当時は、旧保険業法の時代です。昔の感覚で接したら、きっとろくなことにはならないだろうという気持ちがありました。ひたすら正攻法に徹し、担当窓口の人以外には接しないでおこうと心に決めていたのです。
結局一年半後に、免許書を頂戴するまで、担当窓口以外の人は一人も訪ねませんでした。昔お世話になった方は、きっと「水くさい奴だ」と思われたことでしょう。謹んでご寛恕《かんじょ》をお願いしたいと思います。

準備会社ができたことが報じられると、コンサルタントを自称する人々がわんさかやってきました。「金融庁に提出する書類をつくるのは大変な作業ですよ、代行してあげましょう、月五〇〇万円でいかがですか」といった類の売り込みを連日のように受けたのです。確かに私自身、MOF担だったといっても、新会社の設立を手がけたわけではなかったのですから。しかし、一億円の資本で高いコンサルティング料を支払えるわけがありません。
結局、申請書類は、私と岩瀬君、野上君の三人でほとんどを書くことになりました。保険数理の知識が必要な部分（算出方法書や生命保険料の計算など）はもちろん野上君が担当しましたが、彼は大阪にいたので大半は私の作業になりました。もちろん岩瀬君にも書いてもらいましたが、金融庁向きの文書は最初のうちはちょっと手強かったようです。

今から振り返れば、社長が申請書類のほとんどを自ら書き、かつ担当官と直接交渉した生命保険会社はほかにあまり例がないと思います。でもそうしたことにより、保険業法やそれに基づく金融庁の監督方針を、本当によく理解できたのではないかと思っています。

得難い経験をさせてもらいました。免許書をいただくまでの一年半、平均すれば週に一度くらいのペースで金融庁に通いましたが、今となっては懐かしい思い出です。

金融庁への申請書類は、商品約款から手がけることになりました。ところが、手元には手本となる約款がありません。私はもちろん、日本生命の生命保険に加入していましたが、ずいぶん昔のことであり、約款が残っていませんでした。約款入手の顛末は、後でお話しします。ともあれ、生命保険会社に勤める友人に頼んで入手した約款を見ながら私は「わかりやすい」約款を書き始めました。ちなみに、完成したライフネット生命の約款は、原案の一・五倍ぐらいの分量になっています。これは、金融庁と議論を重ねるなかで「わかりやすさ、シンプルさ」に加えて「正確さ、誤解のなさ」を加味していったからです。

設立間もない頃、SBIアクサ生命の木村真輔社長が訪ねてこられました。SBIアクサ生命の準備会社は、ライフネット生命より一〇日早く、一〇月一三日に五億円の資本で設立されていました。「ネット生保の同志としてお互いに頑張りましょう」。私はそう言いました。この気持ちは、今もまったく変わっていません。一部のメディアは「ライフネット生命vsSBIアクサ生命」という図式を好んで取り上げようとしますが、私はまったくそうではないと考えています。インターネットで手軽に生命保険が申し込める時代を切り開こうという意味で、この二つの会社は紛れもない「同志」なのです。木村社長とは、開業後も定期的に情報交換を行ってネット生保を盛り上げようと話し合っています。

二〇〇六年の一一月には、岩瀬君が、留学中のブログを書籍化しました（『ハーバードMBA留学記』日経BP社）。この本はよく売れて、岩瀬君は一躍「時の人」になりました。本当に頼もしい相棒です。最初の年のクリスマスは、岩瀬君の家族と一緒に過ごしました。二年目のクリスマスも三年目のクリスマスもそうでした。二〇〇七年五月に増資するまでは、ほとんど四六時中二人で仕事をしていたので、本当によくいろいろなことを話しました。初めてのグーグルメールで、チャットを交わした相手も岩瀬君なら、携帯電話をあまり使わない私が、携帯電話で話し込む相手も、ほとんどが岩瀬君でした。

友人からは、「若い人間と仕事をしていると、いろいろ気を使って大変だろう」と言われることがありますが、私自身は年齢差を意識したことはただの一度もありません。もっとも岩瀬君がどう思っているかは知りませんが。

もちろん、意見の対立がなかったわけではありませんが、とことん話し合うことで、自ずと議論は収斂していきました。一つだけ、対立がとけなかったことがあります。私は、ネット企業なので、年賀状は出さずにすべてメールで代替しようと考えました。しかし岩瀬君は、ネット社会だからこそ、年賀状（手紙）に価値があると主張します。若いスタッフに賛否を問いましたが、手紙派が多かったので、私は自説を引っこめざるをえませんでした。

第２章

戦後初の独立系生保の誕生

正攻法のお金集め

生命保険会社を新設する場合、資本の相場が、俗に一〇〇億円と言われていたことはお話ししたとおりです。この資本をどう集めるか、すなわち資本政策をどうするかということですが、初めから決めていたことが二つありました。

一つは、前述したように保険会社の出資は求めないということです。第二次世界大戦後、新しく免許を取得した生命保険会社の親会社は、すべて損害保険会社を含めた内外の保険会社でした。免許を与える立場に立って考えてみると、親会社が保険会社であれば、ノウハウの移転や人材の派遣が容易に期待できるので安心度が格段に高まります。これに対してライフネット生命の株主には、保険会社も大株主――二〇％以上の株式を保有し、金融庁から保険業法上の認可を受ける主要株主――もいません。このような資本政策が大きなチャレンジであることは、十分認識していました。それでも私は、保険会社が株主になると、既存の保険業界の常識（ＤＮＡ）がきっと移植されると考えたのです。せっかくゼロから生命保険会社をつくる機会が与えられたのですから、徹底して、市民・消費者目線の会社をつくりたかったのです。

二つ目は、私の知人・友人には頼まず、新会社の理念とビジネスモデルを前面に出して新たに出資者を募ろう、ということでした。人間関係に頼るのではなく新会社の構想を前面に出そう、と考えたのです。親しい友人の中には、資金調達のプロや銀行のトップに上りつめた人間もいました。彼らに頼めば、ひょっとしたらいくらかのお金は集まるかもしれません。しかし私たちがチャレンジするのは、公共性の極めて高い生命保険会社であって、単なるベンチャーではないのです。したがって、企業理念を共有するコアとなる事業会社がどうしても株主に欲しかったのです。

そこで、いわば当社のファウンダーとも言うべき谷家さんや松本さんにアドバイスをもらって、いくつかの企業を選び、正攻法で出資をお願いに行きました。私たちが調査する過程で自ずとターゲットが見えてきました。たとえば、リクルートは結婚や就職という人生の節目で生命保険との親和性が高く、新生銀行はネットビジネス（ネット銀行）の評判がよく、セブン&アイ・ホールディングスは中核となるイトーヨーカドーの評価（特に主婦層では、「イトーヨーカドーは正直で、悪いものは売っていない」という意見が多数を占めていました）が高かったのです。また、三井物産は将来の高齢化社会に向けての対応を共に考えていこうというベクトルの方向が同じでした。そこで、これらの企業を訪問することになりました。

ビジネスモデルのプレゼンテーションでは、ベンチャー企業が成功する五つの要因を最初に話しました。

①市場の規模が大きいこと。日本人が支払う生命保険料は、毎年四〇兆円以上であり、この金額は、実にわが国の税収に匹敵する。ちなみに、自動車産業の国内売上高は、約七兆～八兆円であると言われている。

②商品・サービスに対する消費者の不満が大きいこと。これは、保険金の不払い問題一つを挙げれば十分であろう。

③凪を揚げる風が吹き始めていること。すなわち、「生命保険は、このままではいけない」「もっと、改革が必要だ」という大きな世の中の流れが起こりつつあること。この要素は、極めて重要である。

④ライフネット生命は、インターネット販売による「わかりやすく安くて便利な商品・サービスの提供」という明確なソリューションを持っていること。

⑤参入障壁が高いこと。すなわち、内閣総理大臣の免許書による事業であり、誰もが自由に参入できるわけではないこと。

そして、ライフネット生命は、この五つの条件をことごとく満たしていることを説明しました。一番多く出された質問は、前述したように「（七四年ぶりの独立系生保をつくりたい、という志は評価するが）本当に免許が取れますか」というものでした。私は、「最近の金融庁のガイドラインなどをつぶさに読む限りでは、免許に必要な条件を満たせば必ず免許はおりると思います」と答えました。ところで生命保険業は、保険料自体にある程度の安全割増しが織り込まれているため、実は破綻リスクの極めて小さいビジネスなのです。

事業の成功のカギは、どれだけ生命保険が売れるか、すなわちトップラインの伸び率にかかっていると言っても過言ではありません。私たちは、ネット証券の経験値（普及度合い）などを参考にして、いくつかのトップラインを想定して収支計画を組みました。出資者探しを行うなかで、私たちの前にも、複数のグループからネット生保のアイデアが持ち込まれていたことを知りました。最終的に、ライフネット生命に出資をしていただけたのは、ビジネスプランが骨太に詰められていたことがもちろん主因だと思っていますが、私たちの志に加えて、私と岩瀬君の凸凹コンビが経営陣としてユニークだと、それなりに評価していただけたからではないでしょうか。本当にありがたいことに、私たちが当初想定した企業は、結果的にほとんどが株主になってくださいました。

このようにして、中核となる六社――あすかＤＢＪ、マネックス、新生銀行、セブン＆アイ、三井物産、リクルート――が決まり、最終的には、この六社で二次にわたる増資（二〇〇七年五月と一二月）を経て、合計八〇億円の資本を出していただけることになりました。

そして単なる出資にとどまらず、相互のコラボレーションを追求しましょう、という願ってもない申し出をいただいたのです。セブン&アイと三井物産は、コラボレーションの検討に資するため、常勤の若手スタッフを派遣してくださいました。彼らは、ライフネット生命の立ち上げ期に貴重な戦力となってくれました。

もちろん八〇億円が集まるまで、紆余曲折がなかったわけではありません。たとえば、プレゼンテーションの回数にしてもさまざまでしたし、「出口さんは、相互会社育ちなので、株主に対する感性が乏しい」とお叱りを受けたことも多々ありました。また、少人数で切り盛りをしていたので、増資の手続き面などで至らない点も多く、株主の皆さんにご迷惑をおかけしたこともありました。しかし、この六社にしっかりとサポートしてもらったことが、ライフネット生命の資本政策が概ね順調に推移した最大の要因であったことは疑いありません。六社の皆さんには、いくら感謝してもしきれないと思っています。

将来の上場を見据えた株主構成

私たちは当初から、一〇〇億円以上の資本を集めようと考えていました。中核となる株主で過半の株式を集めた後には、機関投資家から調達しようと決めていたのです。プロの手を借りることなく私たちだけで資金を集めるためには、一件当たりのロットが大きい方がいい、そう思って二〇〇七年の秋頃から、ライフネット生命に興味を示してくれた外資系の機関投資家を中心に増資の話を始めました。

最初の感触は決して悪くはありませんでした。しかし年末を境に、軒並み断りの連絡が入り始めたのです。サブプライム問題の余波が私たちにも及んできたのです。顔が青くならなかったと言えば、それは嘘になります。しかし結果的には、国内の機関投資家を中心に五〇億円を超える金額が集まりました。

なお出資を募る過程で、改めてインターネットの力を再認識させられたことがあります。ある日、朝日ネットからライフネット生命のウェブサイトにメールをいただきました。会社内容に興味を持っているので意見交換をしたい、という申し出でした。私はいかなるメールや電話でも一〇〇％返事を出すべきだと決めていましたので、さっそく返事をして、当社のスタッフが何回か先方と意見交換を行いました。そのうちに、「出資を検討してもいい」という感触をいただいたのです。私は、すぐに山本公哉社長のところに飛んでいきました。ちょうど、外資に断られて顔が青くなっていたタイミングでした。われわれの思いを正直にお伝えしたところ、出資をしてくださることになったのです。当時は、地獄に仏を見た思いがしたものです。

また、外資系の中では一社残ったFarallon Capital Management, L. L. C.が、出資に応じてくださいました。Farallonは、サンフランシスコに本拠を持つ堅実経営で有名な世界のトップ一〇に入るヘッジファンドです。岩瀬君が留学時代に先方のトップと面識があったことがきっかけで、早々と投資を決定してくださいました。国際的にも著名な機関投資家から評価を受けたことがとても嬉しかったことを覚えています。二〇〇八年二月に、最後の打ち合わせのため先方のトップが来日され、久しぶりの英語でお礼を述べました。

私たちは初めから、将来は上場しようと決めていました。生命保険業が公共性の高い事業である以上、日々の経営が株価という形で評価され、市場から厳しくチェックされる形が望ましいと考えていたのです。最終段階の増資で機関投資家に出資を仰ぐことは、私たちの決意を市場に示すことにもなると考えました。しかし生命保険業が極めて公共性の高いビジネスであることに鑑み、上場目標年度のようなものを、出資（投資）契約に盛り込むのは適切ではないとも思っていました。幸いにも、すべての株主が私たちの考えを理解してくださいました。

こうして、Farallonを含む一七社が、最終的に当社の株主となったのです。外国の株主が入れば、英語で情報開示を行う必要がありコストもかかりますが、将来の上場を目指す以上、それは当然のことだと思っていました。

株主との関係については、相互の理解を深めるために良好なコミュニケーションを確保することが一番大切だと考えています。私は「どこよりも正直に経営したい」と心底思っていますので、原則として、取締役会の内容を含めてすべての情報を、すべての株主に公平に開示しようという姿勢で臨んでいます。具体的には毎月全株主と打ち合わせを行っています。株主だけではありません。社員を含めたすべてのステークホルダーに積極的な情報開示を行いたいと考えています。個人情報の秘匿はもちろん別として、情報開示を徹底して行い、一切包み隠すものがない企業風土をつくり上げることが最大のリスク管理になると、固く信じているからです。役職員にはいつも「よいニュースは後からでもいいので、悪いニュースは真っ先に知らせてほしい」と言い続けています。このような観点から業績も毎月開示しています。

半年間に二回の引っ越し

二〇〇七年五月、中核となる株主から二〇億円あまりを出資してもらいました。ようやく社員を採用できる環境が整ったのです。まず、社員が働けるオフィスを探さなければなりません。それまでの赤坂の共同オフィスは無理をしても五人を収容するのがやっとでした。いくつか物件を当たっているうちに、新宿区内藤町に願ってもない物件が見つかりました。安くて適度な広さで一五人ぐらいは働けそうです。居抜きなので机や椅子も揃っていました。こうして、二〇〇七年五月に、スタート時の共同オフィスから、初めて自前のオフィスを持つことになったのです。

もちろん、初めから免許取得を前提にして一挙に広いオフィスを確保する、という考え方もないわけではありませんでした。しかし一歩一歩、ヤドカリ方式でオフィスを探していく方が、ベンチャー企業にはふさわしい気がしたのです。新しいオフィスは、新宿御苑に隣接していてとても静かな場所でした。さっそく、地元の氏神さまである内藤神社にお参りに行きました。

もっとも内藤町のオフィスでは、サーバールームのつくりようがありません。そこで内藤町に移って最初の仕事は、新しいオフィスを探すことでした。間に立った不動産仲介会社は、どういう会社だと、さぞ面食らったことでしょう。「都心で一〇〇人入れるオフィスを借りようとすれば、すべて込みで坪単価三万円は覚悟してください」と仲介会社に言われました。私は「二万円台前半でなければ、絶対にいやだ」と言い張りました。生命保険料を安くするためには、オフィスも安いところを探すしかないのです。

そうこうするうちに、まるで天佑《てんゆう》のように現在の麹町のオフィスが見つかりました。わずか三件目です。しかも管理会社は、私が勤めていた大星ビル管理でした。これも不思議なご縁です。即決して九月に移転しました。もちろん、氏神さまである平河天満宮にはすぐお参りに行きました。

新しい麹町のオフィスには三つの会議室（兼応接室）をつくりました。各々に名前をつけようという話になり、私は「よく考えて仕事をしよう」というかるい気持から、一番大きい部屋にソクラテスという名前を提案しました。しかし、これがきっかけとなり議論が噴出して、結局他の二つの部屋は名前が決まらないまま、現在では壁の色から、オレンジ、グリーンと呼ばれています。かろうじて、ソクラテスはそのまま残りました。

ネットで集まったスタッフたち

ところで、生命保険業の免許を申請する際には、「保険会社の業務に関する知識及び経験を有する従業員の確保の状況を記載した書面」を提出しなければなりません。ようするに、相当の業務精通者を採用しなければ免許がもらえない、ということです。谷家さんに「生命保険を知らない若者をパートナーに」と言った瞬間から、日本生命から昔の同僚を連れてくるという発想はきっぱりと捨てていました。後輩に声をかければ、ひょっとしたら一人ぐらいはついてきてくれたかもしれません。しかし、社宅をはじめとする日本生命の充実した福利厚生制度を考えれば、実質年収はおそらく半分以下に落ちるのではないでしょうか。現に私自身も、ずいぶん間の抜けた話ですが、辞職願を出した後野呂社長から「家はどうするの」と聞かれて、改めて社宅を出なければいけないことに気づき、あわてて近くのアパートを探した経緯がありました。

加えて、日本生命からスタッフを連れてくれば、新しい会社はどうしても日本生命のDNAを色濃く引き継ぐことになります。私は、できるだけ白地に絵を描きたかったので、中核となるスタッフはゼロから探そうと考えたのです。それでも特に、知恵があるわけでもなかったので、生命保険業界に強い人材紹介会社をいくつか当たってみようと漠然と考えていました。

現在、約五〇名に膨れ上がったライフネット生命のスタッフを眺めてみると、インターネットの力をまざまざと見せつけられた思いです。岩瀬君は、帰国後もブログを書き続けていました。また、内藤町に移ったライフネット生命は、準備会社のささやかなウェブサイトを立ち上げ、若いスタッフが社員ブログを書き始めました。これは社員が好きなことを自由に書くコラムで、私は現在に至るまで、事前にチェックしたことはただの一度もありません。これらのブログを見て、若いスタッフが続々と応募してきたのです。こうして志の高い優秀な人が多く集まりました。免許をもらえなければ解散することが決まっている準備会社に、よく馳せ参じてくれたものだと思わずにはいられません。大きなリスクを取ってくれた若いスタッフには、心から感謝しています。

結果としてみれば、開業までに人材紹介会社に紹介料を払ったのはわずか一人という、嬉しい誤算でした。ライフネット生命の中核を占める二〇代、三〇代の若いスタッフのほとんどは、インターネット経由で入ったスタッフと、彼らが声をかけた知人・友人たちで占められています。

定年退職のない会社をつくる

金融庁との折衝が進むにつれて、内部統制面でのスタッフの充実が必要になってきました。話は少しさかのぼりますが、国税庁税務大学校（当時）の大西《だいさい》又裕さんから、連絡がありました。「日本酒を普及させるNPOをつくりたいが、アイデアが欲しい」そういったお話でした。大西さんは、私が保険業法の改正をお願いしていた当時、大蔵省銀行局保険部でお世話になった方です。大西さんには、「生命保険会社を立ち上げようとしているので、忙しくなりました」とお話ししました。それがきっかけで、おそらく私が岩瀬君と二人で釈迦力になってつくろうとしているライフネット生命のことが心配に（あるいは、見るに見かねて）なられたのでしょう、二〇〇七年一〇月から、取締役、チーフ・コンプライアンス・オフィサー（CCO）として入社していただくことになりました。

また常勤の監査役には、元第一生命の山口武彦さんに就任していただきました。これで岩瀬君、野上君とあわせて五人の常勤役員が揃いました。加えて、松本さんの紹介で久保利英明先生（日比谷パーク法律事務所）に顧問弁護士をお願いすることができました。久保利先生は数々の武勲《ぶくん》をたてられた著名な弁護士ですが、本当に気さくな方で、コンプライアンスや法務面のご指導をいただいています。なお、内部統制の核となる内部監査については、その重要性に鑑み、ライフネット生命ではすべて抜き打ち監査方式を採用しています。例外はありません。社長である私も、「今日から〇〇部に監査に入ります」という監査部長のメールを見て、初めて〇〇部に監査が入ったことを知るのです。

ライフネット生命の就業規則も私が書きました。

私はかねてから、定年退職制には疑問を持っていました。なぜなら、加齢による能力の低下は個人差が非常に大きいので、実質的には不平等になりやすいと思っていたからです。そこで「当社に定年はない」と書き加えました。したがって、医師が健康に太鼓判を押している限り、当社では何歳まででも働けることになっています。高齢化社会では当然のことだと思っています。

また、ある株主からは、幹部社員を採用する際には、「退社しても一年はライバル会社には行きません」といった念書を取るのが常識ですよ、とのアドバイスを受けました。しかしライフネット生命では制度化しませんでした。心をこめて採用した社員が退社するのは、経営陣や経営そのものに魅力がないからであって、私が真っ先に猛省しなければならない事態です。また、人の心を契約で縛ることはできないと、私は日本生命時代から考えてきました。プロジェクト発足以来、現在まで退社した社員は、やむをえない事情があった二名だけです。

退社と言えば、必ず思い出すエピソードがあります。日本生命でおそらく初めて総合職の職員が外資系の証券会社に転職した時のことです。喜んだ東京支店長は彼を連れて、日本生命に挨拶に来られました。応対した日本生命の上司は、恥をかかされたとその証券会社に即刻出入り禁止を言い渡したのです。私はその上司に猛烈に食ってかかりました。「二人のファンを社外につくる絶好の機会を逸し、二人の敵をつくってしまったのではないか」と。

私は、日本生命時代、努めて、若い人を留学や官庁等社外に武者修行に出しました。私自身、日本興業銀行に派遣されたことがあり、それによって視野が拡がりよい勉強になった体験があります。だから若い人には、できるだけ広い外の世界を見せてやりたい、と強く思っていたからです。外の広い世界を見た人間の中には、転職を希望する人間も当然出てきます。私は辞めようとした部下を、一人も引き留めませんでした。もし、私が不老不死で、かつトップの座が約束されているのなら、彼を引き留めてもよいでしょう。なぜなら彼の一生に責任が持てるからです。しかし、そうでない以上、誰も引き留めることはできない。私は、心底そう思っていました。ある会社を辞めても、彼がその会社のファンでいる限り、それは長い目で見ればその会社にとって大きなプラスになります。

余談になりますが、株主の一社として、ドリームインキュベータが、ライフネット生命に出資をしてくださいました。担当は二人の執行役員、大重信二君と原田哲郎君でしたが、奇しくも、二人とも私が日本生命時代に留学させた部下だったのです。二人にはとても感謝しています。

最も頭を悩ませたシステム構築

生命保険業の免許を取得するためには、生命保険契約を二〇年、三〇年の長期にわたって安定的に管理する堅牢《けんろう》な事務システムを、まずもって構築しなければなりません。私たちはまず、事務システム構築の要となるシステム部門の責任者を探すことから始めました。これは正直言って難航しました。生命保険の事務とシステムの双方に通暁した人材の絶対数が、そもそも少なかったのです。

大手の生命保険会社では、事務もシステムも細分化されており、なかなか全体を見渡せる人材がいません。最初の候補者は、健康診断で病気が発見され、採用を断念せざるを得ませんでした。次の候補者は、ある生命保険会社の事務の責任者でもあり、保険金の不払い問題が長引いたため採用の時期を失することになってしまったのです。

ライフネット生命のシステム部門の責任者が入社したのは、二〇〇七年七月のことでした。探し始めてから半年以上が経過していました。しかし、商品を思い切ってシンプルにすることを決めていましたので、一年以内に事務システムを開発できる自信はありました。

もう一つの問題は、基幹システムをゼロからつくり出すのか、それともパッケージを購入するのか、という選択肢でした。ここで、リスクを取るつもりはありませんでした。わが国で実績のあるパッケージということになれば、事実上、ＣＳＣ社のＬＩＦＥ／Ｊの一本に絞られます。ずいぶん後になって、ＳＢＩアクサ生命も同じパッケージを購入したことを知りました。

こうして基幹システムは決まりましたが、インターネットとのつなぎをどうするか。この問題には、ずいぶん頭を悩まされました。私の前には、大別して二つの選択肢がありました。一つは誰でも知っている大企業です。リソースも豊富で企業内容にも信頼がおけますが、開発手法は通常のウォーターフォール型で、要するに開発開始までに詳細な要件定義を行う必要がありました。もう一つは、イテレーション型（骨組みをまずつくって詳細は後から詰めていく開発手法）の開発を行うベンチャー企業でした。リソースにも限界があり実績も限られていますが、開発スピードには魅力があります。

ライフネット生命を立ち上げるというこのプロジェクトを遂行するうえで、一番真剣に悩んだのは、この選択だったかもしれません。一部の株主には「生命保険会社新設プロジェクトのリスクは取るが、システムベンチャー企業のリスクまで取るつもりはない」とお叱りを受けました。結果的には、私はベンチャー企業を選択しました。二〇〇七年七月の段階では、まだ商品約款が最終的には固まっていなかったので、詳細な要件定義は事実上不可能でした。つまり、イテレーション型でなければシステム開発ができないおそれがあったことが最大の理由です。さらに何度も話をするなかで、ベンチャー企業の経営者と信頼関係が築けたことも大きかったように思います。

サーバーをどこに設置するのか、という問題もありました。生命保険会社は、健康状態などお客さまのセンシティブな個人情報を取り扱うことが宿命づけられている産業です。したがって、重要な個人情報を蓄積するサーバーの保管場所には、最高度の安全性と堅牢性が求められます。また、当然のことながら地震対策などのバックアッププランにも留意しなければなりません。そこで最終的には、東日本と西日本二か所の拠点に、ライフネット生命のサーバーを置くことにしました。この二か所のサーバーは、数分単位で同期していますので、お客さま情報のバックアップには、相当の自信を持っています。おそらくすべての生命保険会社の中でも、最も進んだ形態となっているのではないでしょうか。

ここで、ライフネット生命におけるビジネスパートナー選定のルールについて述べておきたいと思います。株主からビジネスパートナーを紹介されるケースも多々ありますが、ライフネット生命では、原則三社以上の競争入札制度を採用しており、株主の紹介の有無については特段の考慮はしていません。徹底的な効率経営を進めて早く上場を果たすことが、株主に対するライフネット生命の基本的な責務であって、株主の関係会社に便宜を図ることではない、と私は考えているからです。株主にも、こうしたアームズ・レングス・ルール（すべての応札者を公平に取り扱うルール）を厳正に適用することについては、了解をいただいています。

こうしてライフネット生命の事務システムの開発がスタートしました。紆余曲折はありましたが、外部の有識者からなるシステム委員会の全面的なサポートを受けて、おおよそのところ開発は予定どおりに進み、二〇〇八年五月までに無事開発を終えて、五月一八日には、無事開業の運びとなりました。幸いにも、今日に至るまで、大きなシステムトラブルは一件も発生しておらず、開業以来無事故という記録を更新し続けています。ライフネット生命のシステムチームは文字どおり、少数精鋭で本当によく頑張ってくれたと思わずにはいられません。なにしろ、開発スタート時点ではわずか二名だったのですから。

免許取得から開業まで

保険金の不払い問題等で、折衝が小休止する場面は何度かありましたが、金融庁とは、ほぼ毎週のように打ち合わせを重ねてきました。打ち合わせの内容は、事業計画書や商品約款等をそれこそ一行ずつ読み合わせて、双方が意見を出し合い、互いに確認していく作業の連続でした。こうして双方が確認した事業計画書どおりに人を雇って組織をつくり、事務システムを構築していくことがライフネット生命の立ち上げ作業だったのです。最終的な申請書類は一五センチ前後の厚さとなりましたが、ライフネット生命が準備作成したいろいろな書面は優にその数倍にはなったと思います。

その結果二〇〇七年の年末には、保険業免許に係る予備審査申請を行う段取りとなりました。これは、正式に生命保険業の免許申請書類を出してもいいですよ、すなわち申請書類については事前に事務的に一応目を通しましたが特に大きい問題は見当たりませんでした、それまでの折衝の過程で問題のある部分は双方の合意のうえですべて修正を行いました、ということを意味していたのです。免許がついに手の届くところにきた、と思ったものです。

二〇〇八年の三月には、無事予備審査が終了しました。過去のケースでは、予備審査が終了した後で本免許がおりなかった事例はほとんどないということでした。そのこともあって、予備審査の終了は一部では予備免許とも言われているようです。大きな山を越えたということで社内は盛り上がりました。

次に掲げるのは、一番最初にライフネット生命に入社した事務部門のスタッフが社内の掲示板に書いたブログです。

私がはじめてネットライフを知ったとき、資本金は五〇〇〇万円だった。当時会社の同僚と「ハーバードだかなんだか知らんけど、こりゃ本気じゃねーよ」と言いあった。

私がはじめてネットライフを訪ねたとき、やや薄暗いビルの郵便ポストには「ネットライフ企画」と書かれたちょい汚れたラベルが貼ってあり、狭いオフィスには、岩瀬さんと出口さんしかいなかった。「本当に保険会社になるのだろうか。ここ」と思った。

私がネットライフ企画に行くことを上司に伝えたとき、「それって代理店？」と言われた。

さらに、「こんな時期（不払い問題）にそんな会社に免許がでることは絶対にない。やめるべきだ。そんな時期に辞めるお前は無責任だ」と言われた。

さらに別の上司に「そんなとこに免許出るわけないだろう！　免許取れなかった準備会社にいた経歴なんてお前にとってなんのプラスにもならない。評価もされない。それでもいいのか！」と言われ、ボーナス月の前月に退職したため「あんたはどこまでお人よしなの!!」とヨメにあきれられた。

私が会社を辞める時、送別会で「どうしてそんな会社に応募したんですか？」と聞かれ「ブログで募集してたから」と答えると「そんないい加減なのでいいんですか!?」とまたあきれられた。

私が会社を辞める時、父と母は「あんた東京でなんばのぼせとっとね！　一か所で働き続けることもできんような根性無しに育てた覚えはなか！」と電話口でさんざん怒鳴られた。

……とまあ、いろいろあったのだが、こうやって予備免許をもらえた。これ本当にほんとーに素晴らしくって凄いことです。

いやー、よかったよかった。なにはともあれよかった！

予備審査の終了を受けて、最後の増資（三次）を三月末に行いました。最終段階で出資に応じてくれた機関投資家は、免許リスクは取りたくないとの意向を示していたので、予備審査の終了が増資の前提条件になっていたのです。四月の初めに、正式に免許申請を行いました。

四月一〇日の夕刻、金融庁から電話があり、免許がおりたので免許書を取りにくるよう連絡がありました。初めて金融庁に出向いた一年半前と同様に、この日も雨です。岩瀬君、野上君と三人で金融庁に出向いて、保険課長から免許書をいただきました（図表2−1）。

嬉しい気持ちと同時に、これから公共性の極めて高い生命保険会社を経営していかなければならないという責任感も強く感じました。会社に帰ったら、社員のみんなが総出で出

図表 2-1 ■免許書

金監第１０４４号

免　許　書

東京都千代田区麹町二丁目14番地2
麹町NKビル

ライフネット
生命保険株式会社

保険業法第３条第１項の規定に基づき、同条第４項に掲げる保険業を免許する。

平成２０年４月１０日

内閣総理大臣　福田　康夫

迎えてくれました。みんなの顔を見たとたんに、嬉しさが倍増して込み上げてきます。私は免許書を掲げて、みんなの間を回りました。四月の初めに免許申請を行った時、金融庁の担当官から「免許書の希望日はありますか」と聞かれました。私は「六〇歳の誕生日が四月一八日なので、その日を超えればそれこそ（悪友が冷やかす）還暦のベンチャーになってしまいます」と答えました。若干の配慮をしてくださったのでしょうか。なお、岩瀬君が、私の誕生日に書いてくれたブログを転載しておきます。

還暦のベンチャー

今日は、出口の六〇歳の誕生日。さきほど、皆でサプライズケーキでお祝い。友人には「還暦のベンチャー」と言われるらしい。本人は「六〇歳になってしまって、ちょっぴりさみしい」と言っていますが、ロマンチックで、素敵な響きではないですか。

本プロジェクトをはじめた当初は、自分の父親と同じ年齢のおじさんとずっと二人っきりはつらいかな……と心配もしたのですが、これがまったくの杞憂。出口は非常にエネルギッシュでクリエイティブ、感覚・センスも若く、スピード感もあるアントレプレナーだ。知識も話題も豊富なので、一緒にいて、いつも楽しい。身内を絶賛するのもなんですが、お誕生日ということでお許しを。

自分自身も、六〇歳になったときに、また新たな挑戦に燃えていることができたら、どれだけ幸せだろう。まだ、かなり時間がありますが、そのときは三〇歳の若者と、新しい挑戦をできるよう、知力と体力と、その他必要な力を、つけていきたいと思います。

あいにくの天気ですが、よい週末をお過ごしください！

開業日は、万全の準備をして免許取得日のおおよそ一か月後、と前から決めていました。

開業日を五月一八日に決めたのは、大安だったからです。私自身は無宗教ですが縁起は担ごうと決めていました。氏神さまへのお参りも含めて、縁起を担ごうと積極的に思うようになったのは、後述する牧野紀子さんのアドバイスが大きかったと思っています（私の部屋には、神棚も祭ってありますが、これまでそうした生活とは無縁だったので、時々神さまへのご挨拶を忘れることが問題です）。それに日曜日であることも、インターネット経由で三六五日×二四時間申し込みが可能なライフネット生命にふさわしいと思ったからです。社員には日曜出勤を強いることになりますが、みんなは笑顔で了承してくれました（もちろん、代休は、きちんと取ってもらいました）。

開業前に生命保険協会にあいさつに伺いました。日本生命で上司だった西岡忠夫さん（当時、生命保険協会副会長）が暖かく迎えてくださいました。

五月一六日（金曜日）には、朝から散髪に行き、午後一時から神田の学士会館で開業の記者会見を行いました。もちろん、記者会見は生まれて初めての経験です。一〇〇人近い記者の皆さんが集まってくれました。生まれて間もない会社の会見に、これだけ多くの皆さんに集まってもらったことは、生涯忘れることはないでしょう。なかには、古くからの友人の顔もあります。きっと、心配してかけつけてくれたのでしょう。改めて、ライフネット生命プロジェクトが、応援していただいた本当に多くの皆さんの好意に支えられて、やっ

図表2-2■開通時の記念写真

（左から二人目が筆者）

とここまで辿り着けたのだということを実感しました。

記者会見では、私が経営理念として「正直に経営し、わかりやすく安くて便利な商品をつくり続けたい」と話し、野上君が商品説明を、岩瀬君がウェブサイトの説明をしました。きっとかなり緊張していたのでしょう。最後に三人で皆さんに一礼することを忘れてしまいました。また開業に際しては、一〇〇人を超える多くの方々から、お花やシャンパンなど心のこもったお祝いを頂戴しました。開業前後は、さすがにバタバタしていましたので、十分なお礼を申し上げることができなかったことが悔やまれてなりません。

五月一八日の開業時間は朝の八時と決めました。そのため、システム部門は午前四時の出社となります。関係者は、近くのビジネスホテルで前夜宿泊となりました。

私は、三時に目覚ましをかけておきました。起きた時は真っ暗でしたが、ホテルのシャワーを浴びたら、とてもすがすがしい気分になりました。会社には、四時前に着きました。午前五時には、ウェブサイトが開通しました。実質的な開業です。システムチームのメンバーと記念写真を撮りました（図表2-2）。前夜買っておいたパンをみんなと食べました。みんなが続々と出社してきます。嬉しいことに、ＮＨＫのカメラにも入っていただきました。

七時半、全員で開業朝礼を行いました。ファウンダーの谷家さんがかけつけてくださいました。もう一人のファウンダー松本さんは、開業直後に保険契約の申し込みをしてくださいました。お二人には、お礼の言葉が見つかりません。

長い一日が終わり、夕方の七時から会社の会議室で差し入れのシャンパンを抜きました。みんなの嬉しそうな顔を眺めているうちに、私は、つくづく幸せ者だと感じたものです。そして、二年間の労苦（と言ってもたいした苦労はしませんでしたが）は、一瞬で吹き飛びました。

第３章

手づくりの生命保険会社

ライフネット生命を設立するにあたり、私は三つのビジョンの実現を掲げました。それらは、「保険料を半額にしたい」「保険金の不払いをゼロにしたい」「比較情報を発展させたい」です。これらのビジョンがなぜ生まれてきたのか、そしてどのように実現しようとしたのか。いわば私の思考経過とその対応は、どのようなものだったのでしょうか。

保険料を半額にしたい

現在のわが国の生命保険の市場は、大きく三つに分けられると私は考えています。一つ目は、二〇代、三〇代、四〇代の子育て真っ最中の世代を対象とした死亡保険市場です。よく生命保険商品の説明で三〇歳男子のケースが取り上げられるのは、死亡保険市場の代表的な年齢であることがその理由です。二つ目は、高齢者を主な対象とした生存保険（年金保険・介護保険など）市場です。医療保険も高齢になってからそのニーズが高まると考えれば、この範疇に入るのかもしれません。三つ目は、税制に着目した比較的高所得者を対象にした市場で、中小企業の経営者向け保険がその典型です。

これらの三つの市場の中で、ライフネット生命が最初に取り組むべき市場をまず決める必要がありました。経営資源に制約のあるベンチャーにとっては、選択と集中が必須となります。すべての戦線（市場）に少ない兵力（経営資源）を投入することほど無駄な戦い方はありません。私は最初に、わが国の所得状況を調べ始めました。一世帯当たりの所得金額を見ると、平均で五六六万円と二〇年前（六五七万円）に比べて、一五％も減少しています。しかも六一・二％もの世帯が、平均以下で生活しているのです。格差社会は現実のものとなっていました。私は、格差社会という言葉自体が好きではありませんし、格差が拡大することが好ましいことだとも思っていません。むしろ、その反対です。しかし、グローバリゼーションという世界の大きな流れの中では、格差は縮まらないのではないかと考えています。

わかりやすい例を挙げてみましょう。わが国で最も豊かな地域は東京です。格差を縮めるためには、東京の富を吸い上げてそれを地方に移転すればよいことになります。これが一番の早道です。鎖国経済なら、それでも問題は生じないかもしれませんが、現在では、その結果はどうなるのでしょう。国内の格差は一時的に縮まるかもしれませんが、東京の競争力は間違いなく低下するでしょう。東京のライバルは、アジアでは上海やシンガポールです。しかし、わが国で最も国際競争力のある東京の力を削げば、中長期的には日本全体がさらに沈んでしまうことは火を見るよりも明らかです。グローバリゼーションを前提にすれば、むしろ、東京にはさらに投資を集中してかさ上げを図り、上海やシンガポール

図表 3-1 ■世帯主の年齢階級別に見た 1 世帯当たりおよび世帯 1 人当たり平均所得金額

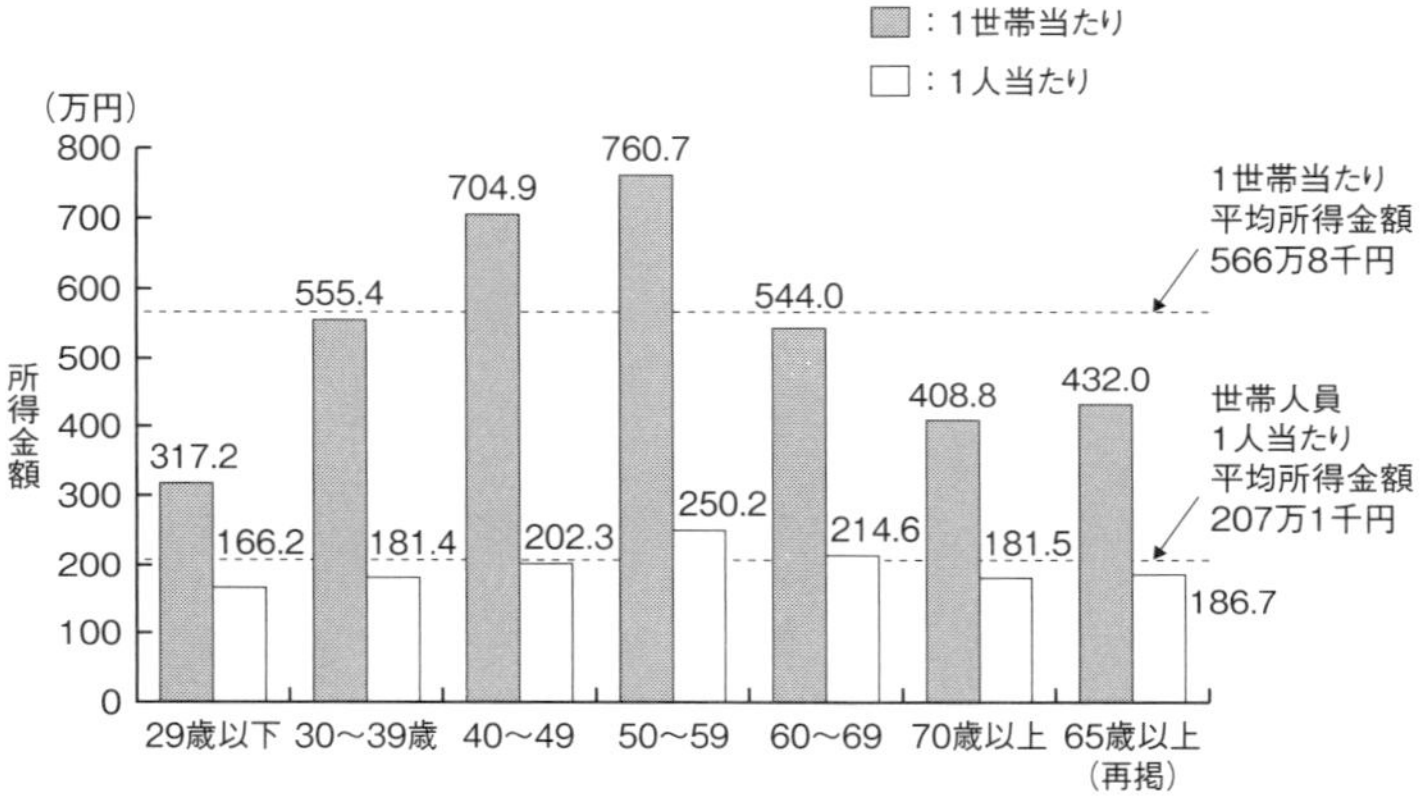

出所：厚生労働省「平成 19 年　国民生活基礎調査の概況」

との競争に打ち勝つことが望ましいのです。このように考えれば、格差を縮めることが至難であることが、ご理解いただけるのではないでしょうか。

平均所得の低下については「高齢化が進み、所得のないお年寄りが増えるのだから当然ではないか」という意見もありますが、事実はそうではありません。図表3-1を見ると、年齢階級別に見た一世帯当たりの所得は、二九歳以下が最低で、働き盛りの三〇代でも、平均（五六六万円）を下回っているのです。さらに一人当たりの所得を見ると、二九歳以下が最低で、その次が三〇代、続いて七〇歳以上となっています。ようするにわが国では、子育て真っ最中の二〇代、三〇

図表3-2■大手生保4社の新契約1件当たりの月払い保険料

	新契約件数	月額保険料
日本生命	971,385件	19,914円
第一生命	912,930件	14,647円
住友生命	814,520件	13,796円
明治安田生命	575,588件	11,237円
4社平均	—	15,398円

※月額保険料算出のため、新契約のうち一時払契約を除く。

出所：Insurance 平成20年版生命保険統計号より計算

代が一番貧しいのです。私は、このような社会は、決して健全だとも持続的だとも思いません。しかし、これは私たちが投票所に行って変えるしか方法のない問題です。

一方、このような所得状況に対して、大手の生命保険会社が提供している生命保険商品は一件当たり月額で一万五三九八円もします（図表3-2）。こういった高額の商品を、低所得に喘ぐ二〇代、三〇代の人々がはたして購入することができるでしょうか。

私はこれらの統計データを見た時に、ライフネット生命の最初の主戦場を「二〇代、三〇代、四〇代の子育て世代を対象とした死亡保険」と決めました。そして、インターネットで直販することによってこれらの世代の生命保険料を半額にしたい、と強く思ったのです。

保険金の不払いをゼロにしたい

私が、ライフネット生命の構想を練っている時、世の中では、保険金の不払い問題が大きな社会問題となっていました。まず最初に、金融庁のレポート（生命保険会社の保険金等の支払状況に係る実態把握の結果について〔二〇〇八年七月三日付〕）に沿って、保険金不払いの実態を明らかにしてみましょう。

保険金の不払いは、その特性から、次の三つの類型に区分されます。

①保険金等の支払い漏れ【約九・七万件、約九二億円】

保険金等の請求に必要な診断書等に記載された入院、手術に関する情報の見落としまたは見誤り等により、本来支払われるべき保険金等が支払われていなかったもの。

②保険金等の請求案内漏れ【約四五万件、約七〇五億円】

診断書等に記載された内容等から、請求を受けた保険金等以外にも支払える可能性がある保険金等があったにもかかわらず、契約者等へ請求が可能な保険金等があることを案内していなかったことから、ほかに支払い可能であった保険金等が支払われていなかったもの。

③失効返戻金の案内不足等【約八〇万件、約一七五億円】

失効契約に係る返戻金について、契約者等への案内が不足していたことから、当該返戻金が支払われていなかったもの、遅延利息について計算誤り等により支払金額が過少となっていたもの等。

以上の保険金の不払い問題が発生した原因について、金融庁は次のように総括しています。

①経営管理（ガバナンス）体制の不備

経営陣をはじめ会社全体として、保険金等の支払い漏れ等の発生を防止することの必要性の認識が不十分であった。特に、契約者等に対して請求案内を行うことの重要性についての認識が不十分であった。

②内部監査体制の不備

保険金等の支払い漏れ等に焦点を当てた実効性のある内部監査が実施されていなかった。このため、保険金等の支払い漏れ等が発生している事実を内部監査部門が十分に把握していなかった。

③保険金等支払管理体制の不備

保険金等の支払い漏れ等を未然に防止するために必要なシステムの整備、漏れなく請求案内を行う事務プロセスの整備、支払査定者間の相互チェックなど人為的ミスを排除するための体制整備に不備が見られた。

④研修および教育体制の不備

保険金等の支払事由の特性等を考慮した支払担当者等に対する研修および教育体制が不十分であった。

⑤契約管理体制の不備

保険金等の請求漏れを未然に防止するための契約者等に対する注意喚起や具体的な保険金等の請求方法についての情報提供といった契約の保全業務体制が不十分であった。

この五点の原因を、まとめてわかりやすく述べれば、「販売を最優先したため、（複雑な商品を売るのであれば）当然に必要とされる被保険者単位での名寄せシステム開発等、必要十分な支払管理体制を構築するに足る経営資源（ヒト、モノ、カネ）を支払管理部門に配分しなかった」ということに尽きます。そして、その背景には、「販売から支払いまでは相当のタイムラグがあるから、支払い問題は後回しにしてよい」「請求がなければ支払う必要がない（困ったら、必ず請求するだろう）」といった古色蒼然《こしょくそうぜん》とした供給者（生産者）の論理があったのではないでしょうか。そこには、消費者の論理が入り込む余地はなかったのです。

保険金不払いゼロを担保する仕組み

私は「生命保険会社は保険金を遅滞なく支払うためにこそ存在する」と考えていましたので、保険金不払いの発生確率を可能な限りゼロに近づけたいと思い、その仕組みづくりに取り組みました。まず、ライフネット生命は商品を徹底的にシンプルにすることにこだわりました。商品をシンプルにするということは、言葉を換えれば、支払事由——どんな時に保険金や給付金が支払われるか——を明確かつシンプルにするということにほかなりません。

私たちは、後述するように商品は二つにすると決めていました。

まず、定期死亡保険については「死亡時」に保険金を支払うことにしました。死亡という事実は明確でかつ戸籍等によりその事実が容易に確認できます。また、生死不明の場合でも失踪宣告がなされた時のように死亡に準じて保険金を支払うケースも、お客さまに十分理解していただけるように、すべて約款に書き込みました。

次に、終身医療保険ですが支払事由は「一泊以上の入院」と「一泊以上の入院を必要とする手術」の場合に限定しました。一泊以上の入院は、医師の入院証明書などによって確認することができます。手術についても同様（医師の手術証明書）ですが、ライフネット生命は、手術の定義を「健康保険法等に基づき厚生労働省が定める医科診療報酬点数表」に合わせました。つまり、国の健康保険制度に合わせたのです。これにより、どの診療行為が給付の対象となる「手術」に該当するかどうかの争点が生じる余地がほとんどなくなりました。

既存の生命保険会社の多くは八八分類の手術を列挙しており、かつ、手術ごとに支払われる手術給付金が異なります（入院日額の一〇倍、二〇倍、四〇倍が基本）。そこに、争いの生じる余地がありました。ライフネット生命の場合は、手術の定義が明確でかつ手術給付金額も一律であるため、不払いのおそれは限りなくゼロに近づけることができたのではないかと自負しています。なお、高度障害保険金（定期死亡保険）や保険料の払込免除（定期死亡保険、終身医療保険）については、原則としてこれまで生命保険業界が培ってきた内容に準じるものとしました。

さらに、保険金や給付金の請求書類は、一枚限りとしました。従来の生命保険会社では、支払事由ごとに、各々請求書を徴求することが通例でしたが、ライフネット生命では、この一枚の請求書で、保険金や二つの給付金を併せて請求できるようにしたのです。

ところで、高い成長を続けている県民共済の生みの親である埼玉県民共済の正木萬平組合長に教えを請いに伺った時、一番私の印象に残ったことは、「支払いこそが保険・共済の原点である」という正木組合長の強烈な自負心でした。その時私は、ライフネット生命も不払いゼロを目標に、迅速でフレンドリーかつコンプライアンスの徹底した堅牢な支払体制を構築しようと、改めて固く心に誓いました。

現在のライフネット生命の支払体制は、概ね次のようになっています。

1. システムチェック

ライフネット生命が販売する商品は二つしかなく、しかもどちらも単品で、支払事由も、①死亡②入院③手術の三点に絞られるため、被保険者の名寄せがシステム上容易にできます。この結果、案内漏れや案内不足が生じるリスクは、大幅に削減されるものと思われます。

2. 迅速かつ正確な支払い

お客さまサービス部の医師を含めた専門家で構成される支払チームが、お客さまから提出された請求書類を必ずダブルチェックで審査・判断し、迅速かつ正確な支払いを行います。なお、お支払いできない場合には、お客さまに必ず約款上の根拠条文を具体的に示してご納得いただくことをルールとしています（「契約直後の自殺なので、約款第一五条に定める免責事由に該当してお支払いできません」など）。

3．リスク管理部による全件チェック

支払処理を済ませた請求書類（一件書類）は、すべてリスク管理部に回付されます。リスク管理部では、回付された請求書類を、もう一度初めから全件読み込んで、不払い等がないかどうかのチェックを行います。なおリスク管理部は、お客さまサービス部からは完全に独立した別系統の組織であるため、内部牽制が働きやすいと考えています。

以上の1〜3のプロセスを、ライフネット生命では、「（不払いゼロを目指す）三重チェックシステム」と呼んでいます。

4．支払委員会

ライフネット生命では、社内横断的な組織である支払委員会（毎月開催。原則として全役員が参加）で、支払い情報の共有を図ることにしています。特に、お支払いできなかっ

た案件や、（約款で定める）五営業日以内に支払処理ができなかった案件は、全件この委員会にその内容を開示して審議を行うルールを定めています。

5．再審制度

お客さまは、いつでも、直接、ライフネット生命の法務部に、お支払いできなかった案件の再審を請求することができます。言うまでもありませんが、法務部は、お客さまサービス部（支払いの決定権限を持つ）やリスク管理部とは、完全に独立した組織です。

以上が、ライフネット生命の「保険金不払いの発生確率を可能な限りゼロに近づけたい」という思いを、会社の組織・仕組みの中に具体的に織り込んだ支払管理体制です。私は、この問題には徹底的にこだわりました。スタッフ全員で知恵を絞ってつくり上げたライフネット生命の「三重チェックシステム」には、かなりの自信を持っています。また「新契約の募集（引受）時にすべての問題がある」と言われていることに鑑み、ライフネット生命では、新契約の引受可否の判断から保険金の支払いまでの全プロセスをお客さまサービス部で一元管理しています。

なお、図表3-3に見られるように、生命保険会社の保険金不払いで問題とされた約一三五万件のうち、ライフネット生命では商品を徹底的にシンプルにしたことにより、全体

図表 3-3 ■シンプルな商品が不払いをなくす

	うち商品をシンプルにしたことにより、ライフネット生命では発生しえない不払い
1. 保険金等の支払い漏れ（9.7 万件、7.2%）	通院給付金等（1.8 万件、1.4%）
2. 保険金等の請求案内漏れ（45 万件、33.3%）	通院給付金、三大疫病保険金等（37 万件、27.8%）
3. 失効返戻金の案内不足等（80 万件、59.5%）	無解約返戻金型の商品であるため、そもそも失効返戻金が生じない（80 万件、59.5%）
合計（135 万件、100%）	（118 万件、87.4%）

の八七・四%に相当する一一八万件がそもそも発生しえないことになりました。残りの一七万件は、ライフネット生命でも発生するリスクはゼロではありませんが、そこは「三重チェックシステム」で、可能な限りゼロに近づけたいと思っています。

比較情報を発展させたい

私は、還暦近くになって生命保険会社をつくることになろうとは思ってもいませんでしたので、「遺書」（最初の著書である『生命保険入門』）を書き終えた時点で、それまで集めてきた文献の類は後輩に譲るなどしてすべて処分してしまいました。ですから谷家さんに会って起業を決意した時には、手元にはほとんど何も残っていませんでした。

そこで、手始めに保険約款を入手しようと思って、近所の郵便局の窓口に行って小さな嘘をつきました。「生命保険に入りたいので約款をください。勉強してから加入を検討したいのです」と。返ってきた答えは「商品パンフレットを差し上げますのでそれで加入を検討してください。生命保険を申し込まれたら約款を差し上げます」というものでした。私は、それまで、窓口に行ってお願いすれば、当然約款はもらえるものと思っていましたので、小さなショックを受けました。いくつかの生命保険会社の窓口にも行ってみましたが結果は同じでした。

私自身、三〇年以上生命保険業界で働いてきましたが、契約前には約款を渡さないという商慣習が存在していたことを知らなかったことは恥ずかしい限りです。しかし、この商慣習はまったくおかしいと私は思います。生命保険商品の内容（約款）を理解せずに、どうして生命保険に加入申し込みができるというのでしょう。約款は、加入を検討している消費者には無条件で渡すべきものだと私は思います。また、逆説的ではありますが、約款を事前には渡さないというまことに奇妙な商慣習が、生命保険商品の複雑化に拍車をかけたのではないでしょうか。約款を事前に渡す習慣があれば、消費者が約款の厚さに辟易して（複雑化に）ある程度の歯止めがかかったのではないか、と思われてならないのです。

この事件が、改めて、比較情報の重要性を私に認識させるきっかけとなりました。私は、生命保険の比較情報について大略次のように考えています。

車やデジカメが欲しいと思った時、多くの消費者はまず最初に比較情報を求めます。カー・オブ・ザ・イヤーや商品テスト等、巷には比較情報が溢れています。インターネットで検索すれば、性能や価格の比較表が表示され一目瞭然です。私たちはこうした比較情報を基に、店に出かけていって実際の商品に触れ、店員の説明を聞いて納得したうえで欲しい商品を手に入れることが通例です。マンションを購入する時も同じです。パンフレットを取り寄せ、間取りや値段をいろいろ比較した後で、実際の物件を見にいきます。なかには、五件や一〇件回ったうえで契約する人も少なくないでしょう。

ところが、生命保険の場合は、こうした比較情報がほとんど見当たりません。「生命保険は住宅（マンション）に次いで高い買い物だ」と言われているのに、これは一体なぜでしょうか。それは、わが国の生命保険の主たる販売方法が「一社専属制」のうえに成り立っているからです。つまり、こういうことです。

消費者団体主催の商品テストで、A生命の商品がセイホ・オブ・ザ・イヤーに選ばれたと仮定します。ところがB生命のセールスや代理店は、一社専属制によりB生命の商品しか売ることができないので、お客さまにA生命の商品を求められてもまったく対応できません。一社専属制は、本質的に比較情報を嫌うのです。そこに、特約を付加するなど商品を複雑にして比較できなくしようという誘因が働く余地があります。特約を付加すれば、保険料も高くなりますから生命保険会社にとってはいわば一石二鳥です。こうして複雑になった難解な商品は、保険金不払い問題の原因にもなりました。

第二次世界大戦で壊滅したわが国の生命保険業界は、大蔵省（当時）の行政指導の下に懸命に復興に取り組みました。当時は、保険商品の内容も値段もほぼ同一でした。こうした状況にあっては、比較情報も必要がなく販売力に優れた一社専属制は十分意味があったと私は考えています。

ところが、一九九五年に保険業法が抜本的に改正され「生命保険の長い戦後」は終わりを告げました。自由化が行われ、競争を通じた消費者への還元（価格の低下による消費者余剰の拡大）が期待されました。現在では生命保険料も一部自由化され、たとえば、三〇歳男性、期間一〇年の定期死亡保険を例に取ると、約二倍の保険料格差が生じています。しかし比較情報がなく、また販売チャネルもほとんどが一社専属なので、消費者はこうした格差が生じていることを明確に認識できないのです。そもそもいまだに多くの生命保険会社は、販売している「商品の内容（保険約款）」や「商品の値段（保険料表）」を開示していません。

生命保険業は公共性を重んじて免許制となっているのですから、消費者の便益を増す観点からすれば、保険約款と保険料表（主契約・特約別）の開示が強く求められるべきだと思います。そうなれば、消費者団体等が比較情報を自由に作成できるようになり、利用者の利便性がより高まるのではないでしょうか。

また、米国、英国やフランスなど他の生命保険大国では「乗合制」の販売方法が主流となっています。乗合代理店は、大いに比較情報を必要とします。わが国でも販売チャネルの多様化を促進することが、比較情報の充実に資するはずです。私は、生命保険も他の商品同様「比較して納得して加入する」社会に一日も早くなってほしいと強く願っています。

私はこのように考えましたので、ライフネット生命では自らのウェブサイトで約款も保険料表も公開することを決めました。普通のメーカーなら、商品の性能（内容）や希望小売価格（値段）などの商品情報をかなり昔から詳しく開示していますので、これは至極当然のことだと思っています。

社名、シンボルマーク、マニフェスト

まだ赤坂のオフィスに三社が同居していた頃、谷家さんがふらっと立ち寄り三人で雑談していた時のことでした。「出口さんと岩瀬君じゃ、とても広報まで手が回らないよね」谷家さんはそう言うと、すぐに携帯電話をかけ始めました。「すぐ、手伝いにきて」一体、

誰に電話しているのでしょう。しばらくすると、牧野紀子さんという不思議な雰囲気の女性がオフィスに訪ねてきました。挨拶もそこそこに私の手相を観てくれたことを覚えています。なぜだかわかりませんが、私はすぐに、彼女が好きになりました。

そこで、彼女にこれからつくろうとしている生命保険会社の理念やビジネスプランを一所懸命話したのです。聞き終わった彼女は、「会社のシンボルマークとタグラインは、私に任せてください」と言いました。谷家さんに初めて会った時のように「お任せします」と即決してしまいました。また、例によって、裏（レファレンス）も取らないで、「友人の友人は友人」というロジックで解決してしまったのです。

こうした経緯を経て、牧野さんが話をまとめてくださったのが、グラフィックデザイナーの松永真さんとコピーライターの小野田隆雄さんでした。お二人と、牧野さんと、私たちとの交流を記せば、笑いあり涙ありの連続で本当に面白おかしくて、それだけで一冊の本が出来上がりそうです。それほど、お二人と牧野さんは親身になって、当社の巣立ちに温かい手を差し伸べてくださったのです。

小野田さんに、「正直に経営し、わかりやすく安くて便利な商品・サービスを提供したい」という当社の経営方針をお話ししたところ、この四本柱（正直な経営、わかりやすさ、安さ、便利さ）を、「ライフネットの生命保険マニフェスト」（図表３-４）という形にまとめてく

第３章 生命保険料を、安くする

(1) 私たちは生命保険料は、必要最小限以上、払うべきではないと考える。このため、さまざまな工夫を行う。
(2) 私たちの生命保険商品は、私たち自身で作り私たちの手から、お客さまに販売する。だからその分、保険料を安くできる。
(3) 保障金額を、過剰に高く設定しない。適正な金額とする。したがって、毎月の保険料そのものが割安となる。
私たちのシミュレーションモデルは、残された家族が働く前提で作られている。「すべてのひとは、働くことが自然である」と考えるから。そのために、いざという場合の保険金額も、従来の水準よりも低く設定されている。
(4) 確かな備えを、適正な価格で。私たちの最初の商品は、シンプルな内容の「単品」のみである。良い保険の商品とは、わかりやすく、適正な価格で、いつでもフレンドリーなサービスがあり、支払うときも、あやまりなく、スピーディーであるかが、問われると考える。それゆえに、あれこれ約束ごとを含む、複雑な特約とのセット販売は行わない。
(5) 事務コストを抑える。そのために、紙の使用量を極力制限する。インターネット経由で、契約内容を確かめられるようにする。
(6) 生命保険は、住宅の次に高い買物であると言われている。毎月の少しずつの節約が、長い人生を通してみると大きな差になることを、実証したい。
(7) 生命保険料の支払いを少なくして、その分をお客さまの人生の楽しみに使える時代にしたいと考える。

第４章 生命保険を、もっと、手軽で便利に

(1) 私たちの生命保険の商品は、インターネットで、24時間×週７日、いつでもどこでも、申し込める。
(2) 印鑑は使わなくてもよくした。法令上必要な書類はお客さまに郵送し、内容確認の上、サインして返送していただく。したがって、銀行振替申込書以外、押印は不要となる。
(3) 満年齢方式を採用した。誕生日を起点に、一年中いつでも同じ保険料で加入できるように。
(4) 私たちの商品の支払い事由は、死亡、高度障害、入院、手術のように、明確に定められている。この定められた事由により、正確に誠実に、遅滞なく支払いを実行する。
手術の定義も、国の医療点数表に合わせた。この定義の採用は、日本ではまだ少ない。わかりやすくなり、「手術か、そうでないか」の議論の余地が少なくなる。なお、従来の生命保険では、88項目の制限列挙方式が主だった。
(5) 私たちは「少ない書類で請求」と「一日でも早い支払い」を実現させたい。そのために、保険金などの代理請求制度を、すべての商品に付加した。また、お客さまからコンタクトセンターにお電話いただければ、ただちに必要書類をお送りできる体制にした。そして、保険請求時の必要書類そのものを最小限に抑えた。このようなことが可能になるのも、生命保険の原点に戻った、シンプルな商品構成だからである。

このマニフェストを宣言で、終らせません。行動の指針とします。
私たちの出発を、見つめていてください。

ライフネット生命保険 株式会社

図表3-4■マニフェスト

「生命保険はむずかしい」
そう言われる時代は、
もう、終りにさせたい。

ライフネットの生命保険マニフェスト

第1章 私たちの行動指針

(1) 私たちは、生命保険を原点に戻す。生命保険は生活者の「ころばぬ先の杖が欲しい」という希望から生れてきたもので、生命保険会社という、制度が先にあったのではないという、原点に。
(2) 一人一人のお客さまの、利益と利便性を最優先させる。私たちもお客さまも、同じ生活者であることを忘れない。
(3) 私たちは、自分たちの友人や家族に自信をもってすすめられる商品しか作らない、売らない。
(4) 顔の見える会社にする。経営情報も、商品情報も、職場も、すべてウェブサイトで公開する。
(5) 私たちの会社は、学歴フリー、年齢フリー、国籍フリーで人材を採用する。そして子育てを重視する会社にしていく。働くひとがすべての束縛からフリーであることが、ヒューマンな生命保険サービスにつながると確信する。
(6) 私たちは、個人情報の保護をはじめとしてコンプライアンスを遵守し、よき地球市民であることを誓う。あくまでも誠実に行動し、倫理を大切にする。

第2章 生命保険を、もっと、わかりやすく

(1) 初めてのひとが、私たちのウェブサイトを見れば理解できるような、簡単な商品構成とする。例えば、最初は、複雑な仕組みの「特約」を捨て、「単品」のみにした。
(2) お客さまが、自分に合った商品を自分の判断で、納得して買えるようにしたい。そのための情報はすべて開示する。
例えば、私たちの最初の商品は、生命保険が生れた時代の商品のように、内容がシンプルで、コストも安く作られている。そのかわり、配当や解約返戻金や特約はない。保険料の支払いも月払いのみである。このような保険の内容も、つつみ隠さず知ってもらう。
(3) すべて、「納得いくまで」、「腑に落ちるまで」説明できる体制をととのえていく。わからないことは、いつでも、コンタクトセンターへ。またウェブサイト上に、音声や動画などを使用して、わかりやすく、退屈させないで説明できる工夫も、十分にしていく。
(4) 私たちのウェブサイトは、生命保険購入のためのみに機能するものではなく、「生命保険がわかる」ウェブサイトとする。
(5) 生命保険は形のない商品である。だから「約款」(保険契約書)の内容が商品内容である。普通のひとが読んで「むずかしい、わからない」では商品として重大な欠陥となる。誰でも読んで理解でき、納得できる「約款」にする。私たちは、約款作成にこだわりを持ち、全社員が意見をだしあって誠意をもって約款を作成した。
(6) 生命保険は、リスク管理のための金融商品である。その内容について、お客さまが冷静に合理的に判断できる情報の提供が不可欠である。

ださいました。政党でもない民間の生命保険会社がマニフェストというのは、少しおかしいのではという意見も時折耳にはしますが、私はまったくそうは思っていません。社会の負託を受けるという大きい意味では、会社も政党も同じではないでしょうか。説明責任は、これからの世の中では避けては通れないと思うのです。

「人生に、大切なことを、わかりやすく。」というタグラインはもちろん、「ライフネット生命」という当社の名前も、小野田さんの発案です。「ライフネットは、母音があいうえおの音順で覚えやすい」「命のきずな、さまざまな人生のネットワークなど、含意が広い」等がその理由です。準備会社のネットトライフをひっくり返しただけのように見えますが、まさにコロンブスの卵で、実によい名前をつけていただきました。

松永さんは、「ライフネット生命の話を聞いていると、人間の顔が自然と浮かんできた。起業の動機を含めてライフネット生命をデザインで表現するには、ライフネット生命の温かい体温を感じさせる人間の顔しかない。色は、若々しい意欲を表現する若草色しかない」という趣旨のことを言ってくださいました。初めて、つくっていただいたシンボルマーク（図表3-5）を見せていただいた時には、まさにこういうイメージのものが欲しかったという思いが込み上げてきて、気持ちが高ぶりました。

牧野さんは当社の開業を待たずに、ご主人の転勤でニューヨークに行かれましたが、ラ

図表3-5■シンボルマーク・ロゴタイプ・タグライン

人生に、大切なことを、わかりやすく。

イフネット生命の恩人の一人です。

私は、シンボルマークと合わせて、このマニフェストを、ライフネット生命の真っ正直経営を担保する一つの証しとして、開業時に公表しようと決めました。こうして、ライフネット生命の骨格に、徐々に肉づけがなされていったのです。

蛇足ですが、ライフネット生命では、このマニフェストを基準にして、社員の人事考課表を作成しています。

ウェブサイトのつくり込み

ライフネット生命の店舗は、ウェブサイトとコンタクトセンターの二つしかありません。お客さまや市場のライフネット生命に対する印象や評判、イメージは、この二つの店舗で決まることがほとんどすべてである、私は、ずっとそう考えてきました。私たちの想定するお客さまは、三〇代が中心です。そうであれば、ウェブサイトは、三〇代の岩瀬君に任せた方がいい、決して認めたくはありませんが、六〇代と三〇代では、感性にもきっと相当の開きがあるはずだ、私はそう思って、特にウェブサイトの開発については、一切口を出しませんでした。

ただし、二つの方針だけは示しました。一つは、コンプライアンスを徹底するため、CCOのチェックなしには、いかなる画面も作成・公開しないこと。もう一つは、ウェブサイト開発の三大原則として、①ユーザビリティ（お客さまの使いやすさ）、②SEO（に代表される検索エンジン対応）、そして最後が③デザイン、というルールを定めたことです。

出来上がったウェブサイトを見て、ちょっとデザインが勝ちすぎているのではないかなど、個人的には言いたいことがかなりありましたが、結局何も言いませんでした。任せたのは私自身だったのですから。それに、趣味やセンスの問題はいくらでも議論ができます。ということは、裏返せばまったく生産的ではないということです。何事でも全体として六〇点以上あれば問題はない、というのが私の考えです。それに厳しく見ても、出来上がったウェブサイトは、七〇点は優に超えていると思われました。むしろ、より大切なことは、気がついたことやお客さまに指摘されたことを、日々「カイゼン」していくことの方です。

二〇〇八年三月まで、マーケティングは、すべて岩瀬君に任せていましたが、幸い、中田華寿子さん（現ライフネット生命取締役）という優秀なマーケティングの専門家が入社してくれましたので、現在は、中田さんにマーケティング部門を統括してもらっています。中田さんは、日本でスターバックスのマーケティング、広報を立ち上げた人です。生命保険の経験こそありませんが、お客さまに心を込めて淹れたおいしいコーヒーをお出しすることと、お客さまに自信を持ってつくったいわば無印の生命保険を買っていただくことは、まったく同じことではないか、私はそう考えています。どちらも「ＢtoＣ」のビジネスなのですから。

ここで、開業後も「カイゼン」を重ねてきた私たちのウェブサイトについて、触れておきましょう。ライフネット生命は、原則としてインターネットを通じてマーケティングを行うことになります。私たちは、原則としてセールスパーソンや代理店などのミドルパーソンを持ちませんが、ミドルパーソンが生命保険を販売するうえで果たしている役割や機能を省略することはできないと考えました。

では、優れたミドルパーソンは生命保険を販売する際にどういった役割や機能を果たしているのでしょう。まず、生命保険の仕組みの説明は欠かせないところでしょう。それから、ライフプランに沿った必要保障額の算出や、同世代の人がどの程度生命保険に入っているかなどの情報を提供して、契約に結びつけているのではないでしょうか。もちろん、最高レベルのミドルパーソンには太刀打ちできるとは思いませんが、私たちは、こうした機能をできるだけわかりやすく、またお客さまが使いやすいように、ウェブサイトに組み込もうと考えました。それがライフネット生命の大きなチャレンジでした。

図表3-6は、ライフネット生命の「生命保険見積り」のページですが、これらの諸機能が配置されています。

私たちがウェブサイトを設計するうえで特に力を入れたのは次の五点です。

①生命保険は「比較して納得して加入」してほしいという考え方に立ち、保険料の比較ボタンを設けたこと。このボタンをクリックすれば、お客さまは、自分で見積もったライフネット生命の保険料を、ほぼ同じ条件の他社商品と簡単に比較することができます。もちろん、比較ボタンを導入するということは、私たちのお店に来てくださったお客さまを他のお店に案内するということでもあり、比較ボタンを押されたお客さまが私たちのお店に戻ってくるという保証は一切ありません。それでもいい、生命保険は「比較して納得して加入する」ことが一番大切なのだから、と私たちは割り切りました。また、比較情報の基礎データとなる約款や保険料表（見積りページ）は、名

図表3-6■ライフネット生命のウェブサイト

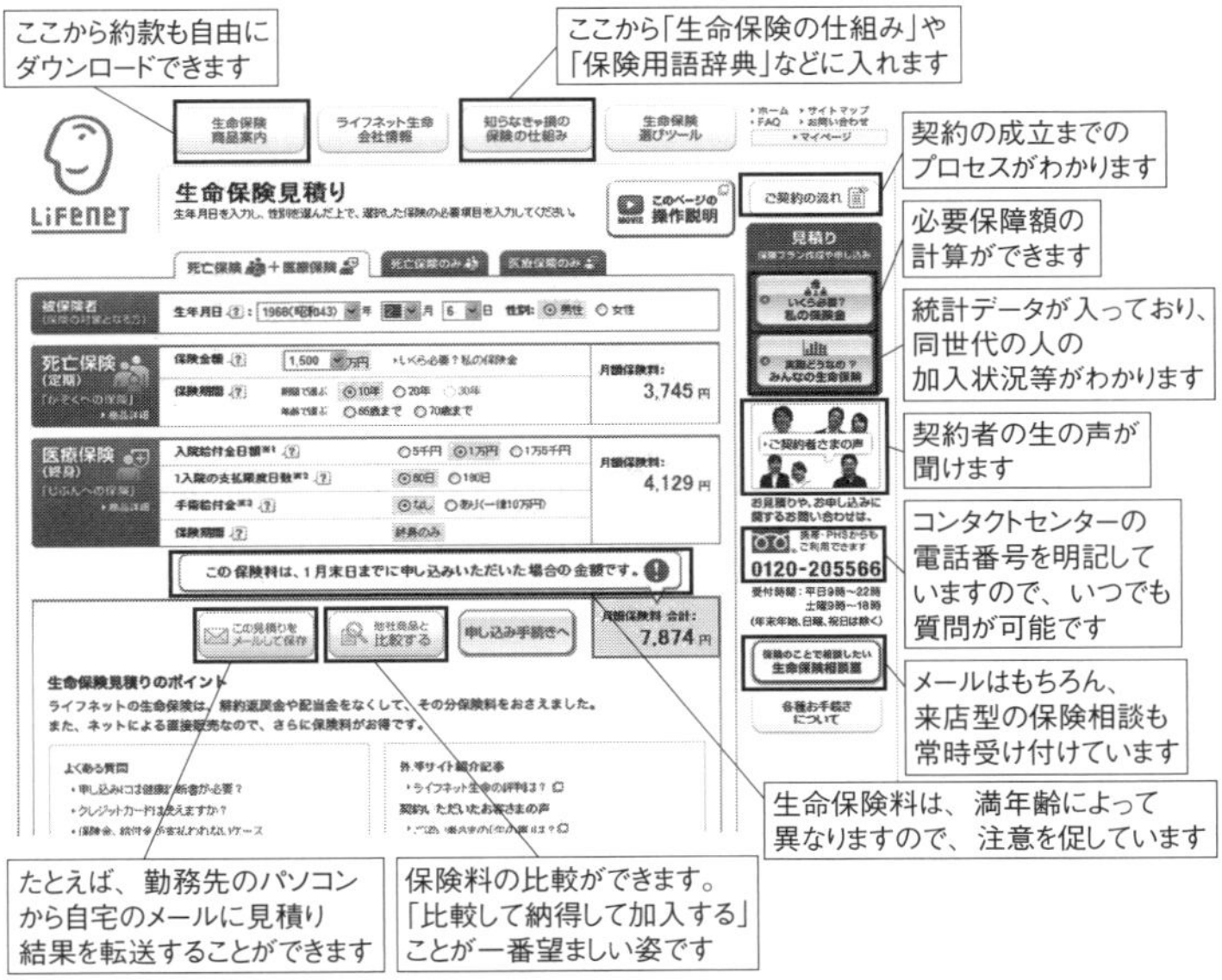
ここから約款も自由に
ダウンロードできます
ここから「生命保険の仕組み」や
「保険用語辞典」などに入れます
契約の成立までの
プロセスがわかります
必要保障額の
計算ができます
統計データが入っており、
同世代の人の
加入状況等がわかります
契約者の生の声が
聞けます
コンタクトセンターの
電話番号を明記して
いますので、いつでも
質問が可能です
メールはもちろん、
来店型の保険相談も
常時受け付けています
生命保険料は、満年齢によって
異なりますので、注意を促しています
たとえば、勤務先のパソコン
から自宅のメールに見積り
結果を転送することができます
保険料の比較ができます。
「比較して納得して加入する」
ことが一番望ましい姿です
LIFENET
生命保険見積り
0120-205566

前もメールアドレスも入れることなく、いつでも誰でも自由に閲覧、ダウンロードができます。

②必要保障額算出のページをできるだけ使いやすく工夫しました。たとえば、子どもの誕生やマンションの購入時期を自由に選択してシミュレーションを行うことができます。

③実際に加入されたお客さまの生の声を豊富に紹介していること。これは、ライフネット生命の商品

の価値は、私が語るよりもお客さまに直に語っていただいた方が、はるかにリアリティがあると思ったからです。

④インターネット販売の限界を補うために、コンタクトセンター（平日は夜一〇時まで）や、来店型の保険相談（常時受付）へのアクセスを容易にしたこと。私自身、他社のウェブサイトを見ていて、照会先の電話番号がなかなか見つからなくていらいらした経験がありますが、ライフネット生命は、インターネットでも電話でも、いつでも容易にアクセスできます。

⑤ご契約の流れとして、契約成立までの手続き（プロセス）を明示したこと。生命保険は健康状態によっては、契約をお引き受けできない場合があります。そのことを踏まえて、契約成立までの手続き（プロセス）をお客さまにきちんと説明することは、とても重要なことで、これもミドルパーソンが果たしている大切な役割の一つだと考えました。

私たちのウェブサイトについては、うれしいことに日々お客さまからいろいろなご意見をいただいています。なかには法制上の理由などで実現不可能なものもありますが（ウェブサイト全体が、保険業法上の募集文書に当たります）、私たちの気づかない点やうっかりしていた点などをご指摘いただくことが多く、本当にありがたいことだと思っています。いただいたご意見は、極力ウェブサイトに反映させるよう努めています。

リナックスではありませんが、このように、お客さまと双方向でコミュニケーションを重ねながら「ライフネット生命の唯一の店舗」を「カイゼン」していけるのは、インターネットビジネスのまさに冥利に尽きる点ではないでしょうか。

どうやって認知度を上げるか

インターネットの中にウェブサイトという形で私たちの店が開店しても、ライフネット生命という生命保険会社が新しく誕生したことを広く皆さんに知ってもらわなければ、お店に来ていただくことはできません。そこで、ライフネット生命の知名度（認知度）をどうやって上げるのか、という課題が生じてきます。テレビコマーシャルなどを毎日のように大々的に放映すれば、確かに、知名度は上昇するかもしれませんが、その費用は結局、生命保険料に上乗せされますから「生命保険料を半額にしたい」という私たちの企業理念と抵触することになってしまいます。できるだけお金を使わずに、ライフネット生命の知名度を上げたい、これが、私たちの大きなチャレンジの一つです。チャレンジは、もちろん現在も続いていますが、これまでに私たちが注力したことは、次の三点です。

①パブリシティに力を入れる。これには、これといった妙案はありません。愚直にライフネット生命の理念を訴え続けることがすべてです。幸いにも開業以来現在（二〇〇九年二月）までに、約四〇〇件メディア等で取り上げていただきました。

②オンライン広告とオフライン広告のベストな組み合わせを考える。これはいまだに試行錯誤中です。できるだけお金を節約して効果の高い広告を行うためにはどうしたらよいか、私たちのマーケティングスタッフは日夜そのことを考え続けています。オンライン広告（インターネット上の広告）とオフライン広告（新聞やJRの交通広告等）をうまく組み合わせればよい、という総論だけは全員が理解しているのですが、各論となるとなかなかこれといった決定打が浮かびません。考えてみれば当然のことで、そう簡単に解が見つかるはずはありません。試行錯誤はこれからも続いていくことでしょう。

③株主の顧客基盤を活用させていただく。ライフネット生命には一七社の株主がいます。それぞれの会社が膨大な顧客基盤を抱えています。これをどのような形でコラボレーションまで持っていくのか、とても大きな経営課題です。何社かの株主とはプロ

ジェクトチームをつくって検討を始めていますが、多少の時間がかかっても、双方がウィンウィンとなる長続きするコラボレーションの形を模索していきたいと考えています。

このほかに小さなことですが、五〇人の役職員全員が、会う人ごとに、「ライフネット生命をよろしく。私たちのウェブサイトをぜひ見てください」と言い続けることも、とても大事だと思っています。これはいわば、口コミを持続し続けることであり、そのための「お願いカード」をつくりました（図表3-7）。私はこのカードをいつもポケットに入れて持ち歩いており、会う人ごとにお渡しするように努めています。

二〇〇九年のお正月は、全員で氏神さまにお参りに行きましたが、今年初めてのカードは氏神さまの境内でお守り等を販売していた三人の巫女さんにお渡ししました。今年も、お会いする皆さん全員に、このカードをお渡ししようと決意しています。

いずれにせよ、信用と同じで、ライフネット生命の認知度を上げるためには、一定の時間がかかるものと覚悟をしています。

ところで、インターネットビジネスの問題の一つは、なかなか会社の顔が見えないことです。私たちの会社の体温をお客さまに直接伝えることが難しいということです。そこで

図表 3-7 ■口コミをお願いするカード

LIFENET

LIFENET INSURANCE COMPANY

ライフネット生命は、「どこよりも正直な経営を行い、どこよりもわかりやすく、便利で安い商品サービスの提供」を目指している、新しく生まれた独立系の生命保険会社です。生まれたばかりなので、まだ、ほとんど知られていません。

ライフネット生命のことを一人でも多くのお客さまに知っていただきたいと思っていますが、私たちは、大々的な広告宣伝を行うことはできません。なぜなら、安い保険料を実現する、という企業理念があるからです。私たちは、皆さんの口コミ＝ライフネット、人生のネットワークをお願いしたいと思います。

どうか、私たちのウェブサイトをひらいてください。そして、もし気に入っていただけたら、親しいご友人の方々にご紹介ください。私たちは、皆さんのお力添えにより、ライフネット＝生命（いのち）のきずなが、少しずつ、世の中に広がっていくことを切に望んでいます。

ライフネット生命保険株式会社

www.lifenet-seimei.co.jp/

「ライフネット生命」で検索

私たちは、セミナーや講演会を開催するなどして、いわばウェブサイトとリアルを組み合わせることにより、ライフネット生命の素顔をお客さまに知っていただきたいと思っています。二〇〇八年五月一八日の開業以来、二〇〇八年末までの間に、私は三〇回ほど講演会に呼んでいただきました。お座敷がかかるということは、本当に嬉しいことです。もし、消費者の皆さんやファイナンシャル・プランナーの皆さんたちが生命保険のことを考える集会等を企画されるのであれば、そしてもし私でよければ、事情の許す限り手弁当でどこへでも駆けつけますので、気軽に声をかけてください。皆さんと生命保険のことを率直に本音で語り合うことができれば、それだけで十分です（ただし、商業目的の会合は遠慮させていただきます）。

資産の運用

生命保険会社の基本業務は、保険の引き受けと資産の運用の二つであり、両者は車の両輪の関係にたとえられます。ただし、生命保険会社の資産は、いわば保険料の累積ですから、その蓄積には一定の時間の経過を要するという特色があります。また、優秀な運用チームを組成するためにも、一定の時間がかかることは自明でしょう。こうした一般論に加えて、私はお客さまに見えないリスクを最小限にするためにも、開業当初は、運用方法を限定しようと決めていました。ライフネット生命に加入してくださるお客さまが、ライフネット生命の財務諸表をチェックされるケースはほとんどないでしょう。だとすれば、生まれて間もない会社がリスクの高い株式や外貨投資を行うことは、お客さまに見えないリスクを増大させるのではないか、私はそう考えたのです。

ライフネット生命は、発足当初は、国債に代表される高格付けの円建て債券に運用対象を限定し、かつ必要に応じて経験を積んだ外部の投資顧問会社（開業当初はＤＩＡＭアセットマネジメントに助けていただきました）の力を借りることにしました。株式や外貨投資、融資や不動産投資は、少なくとも当面はまったく行うつもりはありません。運用の多様化は、運用チームの人材の充実を待って、徐々に行っていきたいと考えています。

開業から半年も経ない二〇〇八年の九月には、アメリカを震源地とするグローバルな金融経済危機が世界を襲いました。この荒波をまともに受けて大和生命が破綻しましたが、幸いにも前述したような運用スタンスを貫いていたため、ライフネット生命は無傷で済みました。

一般に生命保険会社が破綻する原因は三つに大別されると言われています。一つは、資産運用の失敗です。生命保険会社は、長期小口の契約性の資金を大量に集めているため、調達面では破綻しにくい構造を持っています。これに対して運用面では、大口の投融資が中心となるため、ハイリスク資産を抱えれば、あっという間に大きな穴をあけることもありえないことではありません。大和生命の破綻はまさにこのケースでした。資産の運用には、細心の注意が必要なのです。

二つ目は、高い予定利率の設定による逆ザヤの発生です。市場金利より大幅に高い予定利率を設定して生存保険（年金保険などの貯蓄型保険）を販売し、預貯金と競争して大量の資金を吸収しようという発想のもとに生じる現象で、過去のわが国の生保破綻のほとんどが、このパターンであったことはまだ記憶に新しいところです。ライフネット生命は、後でお話ししますが、開業当初は生存保険を扱わなかったばかりではなく、すべての商品を無配当・無解約返戻金の掛け捨て型で設計したため、そもそも「高い金利をつけて資金を集めよう」「高い金利で運用して返戻金を少しでも増やそう」といった発想の生じる余地がありません。

三つ目は乱脈経営です。これは何も生命保険に限ったことではありません。ライフネット生命はコーポレートガバナンスの観点を重視して、現在は、議長を除く社内取締役と社外取締役の数を同数（三名ずつ）とするルールを定めています。また監査役は、常勤監査役のほかに三名の社外監査役を置いています。開業時の三名の社外取締役は、株主代表、ネットビジネスの経営者、公認会計士から成り、三名の非常勤社外監査役は、金融・税務に詳しい経営者、弁護士、監査役経験の豊富な経営者から成っています。

私は、情報の開示とコーポレートガバナンスの貫徹が、乱脈経営を防ぐ最大のポイントだと考えています。細かいことですが、ライフネット生命では一件当たり一〇〇万円以上の出費は、全件個別に取締役会に報告するなど内部でも情報開示を徹底しています。

なお金融庁は、生命保険会社の破綻を未然に防止するため、ソルベンシーマージン比率（いわば、生命保険会社の自己資本比率）を基準に、早期是正措置という制度を設けています。これによると、ソルベンシーマージン比率二〇〇％以上は健全な会社とみなされますが、二〇〇％を切ると改善計画の提出など金融庁の早期是正措置の対象となります。

ライフネット生命は、内部基準を自主的に作成し、常にソルベンシーマージン比率五〇〇％以上を維持する決意で経営に臨んでいます。ちなみに、直近のライフネット生命のソルベンシーマージン比率は三〇、三五五％（二〇〇八年一二月末時点）となっていますが、これは、わが国で営業しているすべての生命保険会社の中で最高の水準だと思います。また、格付も決算を済ませた後できるだけ早期に取得する予定です。

オープン・アーキテクチャー

人間にとって何が一番の幸せでしょうか。何よりも、ワークライフバランスが取れていることではないでしょうか。それぞれの個人が自分の生きたいように人生を生きることができる、もしくは、自分の生きたい人生にチャレンジする機会が少なくとも一生に一度は与えられるような社会が私は好きだし、望ましいと思っています。決して仕事だけが人生ではありません。

話は脱線しますが、私は本を読み、よく食べてよく寝る生活が大好きです（ようするにナマケモノです）。そして時間があれば地球上をくまなく旅したいと思っています。好きな言葉としてよく「悔いなし、遺産なし」を挙げますが、これはようするに食べたい、旅したいということなのです。若い時に話を聞いたキッシンジャー博士が、私の人生観にまたとないお墨付き（理論武装）を与えてくれました。「世界にはいろんな人がいる。すべての人が生まれた土地と先祖のことを誇りに思っている。そういった人たちを理解し、対話を重ねなければ、世界の問題を何一つ解決することはできない。そこで私は若い人たちに言いたい。暇があれば、歴史と地理を勉強しなさい。それからできるだけ自分の足で世界を歩いてみなさい」と。

ライフネット生命をつくる時に、社員の多様な働き方を活かせるような仕組みをつくりたい、と真剣に考えました。また同時に、ライフネット生命を応援してくださる外部の皆さんの力を取り込めるような仕組みをつくりたい、と思いました。そして、その仕組み全体を、オープン・アーキテクチャーと名づけることにしました。まだ、オープン・アーキテクチャーは未完成のままですが、その中の小さな一つの試みとして、社外の専門委員の知恵をお借りする委員会制度があります。

たとえば、生命保険会社は、免許をもらうまでに、生命保険契約を管理する事務システムを構築し、完成させておかなければなりません。生命保険は二〇年、三〇年という長期にわたる契約であるため、少なく見積もっても事務システムの構築は一〇億円単位の巨額の投資となります。そうである以上、社内の少数のスタッフだけで意思決定を行うことには、いくばくかのリスクが伴うと私は考えました。それに、私も岩瀬君も決してシステムに詳しい方ではありません。そこで、社外の専門家のアドバイスをもらいながらプロジェクトを進めていこうと思い、生保のシステムや金融機関のシステムに詳しい社外の有識者数名にお願いして専門委員になっていただき、社内のスタッフと合同で審議するシステム委員会という諮問機関を立ち上げました。

まったく同じ発想から、ウェブサイトの設計方針やプロモーション戦略などを審議するマーケティング委員会も立ち上げ、ここにも社外の有識者数名に参画してもらいました。どちらの委員会も開業までは、原則月一回開催し、夕方から夜遅くまで口角泡を飛ばして真剣な議論を行いました。また、わからないことがあると、こちらから専門委員の方の職場まで押しかけていっていろいろと教えていただきました。社外の専門委員の方とは、個別に守秘義務契約を結びましたが、ほとんど手弁当でライフネット生命の立ち上げを助けていただいたことになります。参画の理由としては、専門委員の皆さんが異口同音に「面白いチャレンジだ」「志がなかなかいい」などと言ってくださいましたが、本音のところは、おそらく、私と岩瀬君だけでは心もとなく、見るに見かねて助けていただいたのではないかと思っています。本当にありがたいことで、専門委員の皆さんには、お礼の申し上げようもありません。

また開業後は、資産運用委員会も稼働させ、生命保険の運用に詳しい京都大学の川北英隆教授と国際金融・経済に詳しい平野英治さん（トヨタファイナンシャルサービス取締役）に専門委員に就任してもらいました。私は、日本生命時代に運用経験が長かったので、市場の動きを的確につかむことがいかに難しいかを知り抜いていました。そこで、運用判断を誤らないよう外部の知恵を借りようと思ったのです。

オープン・アーキテクチャーとひとまとめにしては失礼になりますが、このほか、ライフネット生命では社長の諮問機関として、アドバイザリーボードを設けています。元日本生命副社長の正田文男さんや、元世界銀行グループＭＩＧＡ（多国間投資保証機関）長官で現日本大学の飯田彬教授、テクノロジーとカルチャーをベースに日本再生を掲げて世界を飛び回っておられるチームラボの猪子寿之社長などにメンバーになっていただき、四半期に一度、会議室で弁当を食べながらさまざまな視点から経営に対するアドバイスをいただいています。

第４章

保険料を半額にできるか

いくつ商品を用意するか

「二〇代、三〇代、四〇代の子育て真っ最中の世代の保険料を半額にしたい」という大方針は決まっていましたが、ライフネット生命のスタート時点で、商品の数をいくつに絞るのかという問題が残されていました。生命保険業の免許をもらえば、第一分野（死亡保険と生存保険）と第三分野（医療保険等）の商品をすべて扱うことができます（第二分野は、損害保険業です）。死亡保険、生存保険、医療保険すべてを扱うのか、扱わないとすればどれを扱わないのか。ちなみに、生命保険商品の基本型は図表4-1のとおり、五種類しかありません。

当初は生存保険を扱わない、ということはすぐに決まりました。その理由はいくつかありますが、まずわが国の低金利です。お客さまから保険料をいただき、それを複利で積み立てる、これが生存保険の基本構造です。変額保険でない限り元本割れのリスクは取れませんから、国債など信用度の高い円建て債券での運用が中心とならざるをえません。

しかし円建て債券の金利は、ここ数年の経験から考えても現状ではせいぜいのところ一・五％前後のレンジが精一杯です。一方で資産の運用には、当然のことながら一定のコストがかかります。運用に長けた専門家を雇い、運用システムを整備し、運用リスク管理

図表4-1■生命保険の5つの商品

期間＼基本商品	死亡保険	生存保険	医療保険
一定期間（10年、20年、30年など）	定期死亡保険（あるいは定期保険）	生存保険	定期医療保険
終身	終身死亡保険（あるいは終身保険）	—	終身医療保険

○印は、掛け捨て保険

を行うなど本格的な運用体制を構築すれば、そのコストは経験的に資産残高の一～二％程度となります。一～二％の手数料を頂戴して、一・五％前後で運用すれば、元本はひょっとしたら目減りしてしまうかもしれない、私たちはそう考えました。おそらく多くの生命保険会社も同じように考えているので、代表的な生存保険、すなわち年金保険等では、（定額保険ではなく）変額保険を販売して、株式や外貨で運用し高い利回りを稼ごうとしているのだと思います。しかし変額保険は、投資信託同様にリスクの高い商品です。変額保険を販売する場合には、相当丁寧な説明を行う必要があり、ネット販売にはまだなじまないものと思われます。

二番目の理由は、年金保険等の生存保険は、主として高齢者向けの商品だということです。これは、ライフネット生命が最初の主戦場だと定めた二〇代、三〇代、四〇代の子育て世代のマーケットとは多少異なります。

そして三番目の理由は、後述するように生存保険の場合は、生命保険契約者保護機構の保護が、十全には得られない可能性が高いということです。もちろん私は、高齢者向けのマーケットは規模が大きく、ニーズも強いということは十分承知しています。生存保険を扱わないということは開業日のメニューからは外したということを意味するだけであり、近い将来に生存保険商品にもチャレンジしたいという強い意欲を持っています。

では、死亡保険のみでスタートするのか、医療保険と併せて二商品を用意するのかどちらがよいのでしょう。死亡保険のみでスタートしようという意見もありましたが、私たちが行ったマーケット調査の結果によると、医療保険のニーズには根強いものがありました。そこで、二商品でいくという基本方針を固めたのです。

何人かの友人からは、「病気の人のための保険など、どこにもないユニークな（ニッチな）商品から参入した方が、入りやすいのでは」というアドバイスをもらいましたが、私にはまったくその気はありませんでした。生命保険の本質は死亡保険です。もともと、カーブやシュートを投げるのは大嫌いな性格です。谷家さんに会った時から、ど真ん中の直球（死亡保険）を投げることしか、念頭にはありませんでした。

私がもう一つ徹底してこだわったのは、最初は、掛け捨て保険だけでいこう、ということでした。生命保険は息の長いビジネスです。ベンチャー企業にとってはどちらかと言えば挑戦しにくいジャンルです。なぜならお客さまは、たとえば五年後、一〇年後の支払いのことを考えますから、ライフネット生命が五年後、一〇年後も変わることなく営業を継続しているかどうかということが最大の関心事の一つとなるからです。ようするに「信用」が問われるということです。

設立したばかりのライフネット生命にとって、どのようにしてお客さまの信頼を獲得するかということは大きな課題でした。しっかりした株主を選ぶ、また資本を厚くするなど、通常で考えられる手はすべて打ちました。しかし極論すれば、生まれたばかりの会社の信用はないのが当然かもしれません。大学を卒業して働き始めたばかりの社会人を誰が信用するでしょうか。誠実に仕事をすることを通じてでしか、おそらく、その人の信用は高まりようがないのです。つまり時間がかかるのです。会社も同じことで、信用は一朝一夕には築きようがないのです。

私はこのように考えましたので、「お客さまに見えないリスクを最小化すること」こそが、経営の責務だと考えました。新設会社の掛け捨て保険なら、生命保険のセーフティネットである生命保険契約者保護機構によって、保険金はほぼ一〇〇％保護されます。お客さまにおかけするご迷惑は最小限に抑えられます。これに対して、貯蓄性のある生存保険や終身死亡保険の場合は、最大で保険金が二～三割カットされる可能性があると言われています。このような事実は、おそらくお客さまの目にとまりません。しかし、まだ信用を勝ちえていない新設会社だからこそ、少なくとも開業時にはこういったお客さまの目には見えないリスクを最小限にしたかったのです。

わが国では、一般に、掛け金が戻ってくるタイプの生命保険が好まれ、大変人気があります。掛け金が戻ってくるタイプの生命保険は、図表4-1の死亡保険や医療保険に生存保険を組み合わせたものです。たとえば、三年ごとに無事故ボーナスが受け取れるタイプの期間一五年の生命保険は、一五年の掛け捨て保険に三年満期、六年満期、九年満期、一二年満期、一五年満期の生存保険を組み合わせた商品です。掛け捨て部分の保険料と生存部分の保険料とが分離されて表示されているわけではありませんのでわかりにくいのですが、生存部分の保険料については、私が生存保険について前述したことがそのまま当てはまります。つまり、元本がそれほど増えているわけでは決してないのです。掛け金が戻ってくる商品が魅力的に思えたのは、実は二〇世紀後半の高成長、高金利時代の賜物だったのです。

定期死亡保険は子育て世代のために

掛け捨ての死亡保険、すなわち定期死亡保険を主軸に据えるということはこうして定まりました。商品の内容については、二五〇年前に世界で初めて近代的な生命保険を誕生させたオールド・エクイタブル創設の原点に立ち戻って、可能な限りシンプルにしようと考えました。シンプルな商品であれば、インターネットで販売しても、お客さまに十分説明することができます。そこで、定期死亡保険の保障内容は死亡時の保険金支払いだけに限定し、特約は全廃すると決めました。一般の死亡保険では、災害倍額支払特約がついている場合が多いと思います。しかしお客さまの必要保障額から考えれば、病気死亡の場合と災害死亡の場合で、もらえる保険金が倍も違うというスキームは、納得がいかないと考えました。また、（高度）障害時には、他の生命保険会社と同様に、高度障害保険金の支払いや保険料の払込免除を行うことにしました。

次に、定期死亡保険の保障対象年齢は、一八歳以上七〇歳までと設計しました。加入可能な年齢は一八歳以上六四歳までです。私は、自ら稼ぐことのできない子どもに死亡保障をつけることは、生命保険の本質上おかしいと考えました。この問題は、政府の金融審議会でも議論されましたが、生命保険業界は子どもを対象とした死亡保険の販売を規制することに対して、難色を示していました。子どもでも稼げる子どももいるし、現実に子どもの収入で生活している親も多い、と。それは、確かにそのとおりかもしれませんが、そのような子どもが、世の中にどれほどいると言うのでしょう。大数法則が働くほど多くいるとは、とても思えません。世界のほとんどの国は、子どもに対する死亡保険の販売を規制しています。私たちは、それが当然の理だと考えたのです。

一方、子どもを無事に育て終えた高齢者には、一般的に考えて（高額の）死亡保障は不要ではないかとも考えました。もちろん、ケース・バイ・ケースであることは、よくわかっています。しかし私たちの商品は、世の中の多様な人々のすべてのニーズを満たす必要はないと割り切りました。

一〇〇点を取ろうとすれば、極論すれば無数に特約が付加されていくに違いありません。世の中の六〇％以上の人々のニーズが満たされるのであれば、可能な限り、枝葉を切り払って骨太でシンプルな商品設計を行いたい、これが私の考えたことでした。結果として、私たちの定期死亡保険は、保険期間中に死亡した場合のみ保険金を支払う太い幹だけの商品となりました。なおインターネットで販売を行うという制約上、契約者と被保険者は同一人としました。また確実に保険金が受け取れるように、契約時に受取人だけではなく、指定代理請求人も必ず（契約者に）決めてもらうようにしました。

最後は、保険期間をどうするかです。私は、昔から、生命保険を友人に薦める際には「配偶者が正社員でない場合は年収の三年分、正社員の場合は年収の一年分をとりあえず、勤務先のBグループ保険か、期間一〇年の定期死亡保険で」と説明してきました。なぜ一〇年なのか、それは一〇年も経てば、家族の風景がかなり違って見えると思うからです。預金残高、会社等での地位、収入、住居、子どもの成長度合い、私立学校か公立学校か、配偶者の就業の有無など、一〇年後にはライフステージが相当異なってくるのではないでしょうか。そうであれば、一〇年を一つの単位として、ライフプラン（生命保険など）を設計・見直すようにしてもいいのではないかと思うのです。

一例として、図表4-2を見てください。三〇歳の男性が三〇〇〇万円の死亡保障を契約するとした場合、一〇年定期死亡保険に加入して一〇年ごとに更新し、六〇歳まで保障を継続したケースAと、三〇年定期死亡保険に加入したケースBを比較してみました。トータルの保険料で見れば、ケースBの方が、七七万円ほど安くなります。この場合、無条件に、三〇年定期保険への加入を勧めるべきでしょうか。私は単純にそうは思わないのです。なぜかと言いますと、一つには、子育て真っ最中の二〇代、三〇代、四〇代が、最も生活が苦しい時ではないかという仮説があるからです。

ケースAでの三〇代の月払い保険料は、ケースBの半額以下になります。たとえば結婚

図表 4-2 ■生命保険加入の 3 つのケース

ケース A：10 年定期死亡保険を更新（保障 3,000 万円）　（円）

	月払保険料	年間計	10 年間計	世帯の平均所得
30 歳	3,484	41,808	418,080	555.4 万円（30 代）
40 歳	7,240	86,880	868,800	704.9 万円（40 代）
50 歳	17,194	206,328	2,063,280	760.7 万円（50 代）
合計	—	—	3,350,160	

（注）平均所得は（図表 3-1 による）

ケース B：30 年定期死亡保険に加入（保障 3,000 万円）　（円）

	月払保険料	年間計	30 年間計
30 歳	7,174	86,088	2,582,640

A − B ＝　767,520（円）

ケース C：50 歳で保障を 3,000 万円から 2,000 万円に減額（円）

	月払保険料	年間計	10 年間計
30 歳	3,484	41,808	418,080
40 歳	7,240	86,880	868,800
50 歳	11,546	138,552	1,385,520
合計	—	—	2,672,400

C − B ＝　89,760（円）

して子どもが生まれたばかりのこの年代で、この差は結構大きいのではないでしょうか。もう一つは、ケースCです。五〇歳になって、たとえば子どもが手を離れ配偶者も就業するようになったので、保障金額は二〇〇〇万円で十分だと考えて、更新時に減額したような場合です。この場合ケースBとの差は、ほとんどなくなってしまいます。

このように考えれば、まず一〇年分の保障を買っておいて、その後はライフステージの変化に合わせて、必要な保障額を見直して考えた方がよい場合も結構あるような気がしてなりません。もちろん、保険期間の選び方は、お客さま次第であることは当然です。生命保険会社が決めることではありません。そこで私たちは、定期死亡保険の期間は一〇年、二〇年、三〇年、および六五歳まで、七〇歳まで、の五つのパターンを用意して、お客さまに自由に選んでいただけるようにしたのです。

ファイナンシャル・プランナーの方の中には、毎年、保障額を見直す一年定期死亡保険を勧めている方もいます。これも一つの見解だと思います。ライフネット生命の中でも、保険期間はお客さまが自由に選べるようにしたい、という意見もありましたが、開業当初は六〇％主義で割り切りました。もちろん将来は多様化を図りたいと考えています。私個人は、毎年保障額を見直すというのは、正直やや煩雑な気持ちがしています。たとえば、二人で生活を始めようと考えた時、生活設計はやはり一〇年が一つの単位ではないでしょうか。生命保険のコストは必要最小限でよいと思いますが、最低一〇年はコストが一定していた方がもろもろの生活設計が立てやすいと思うのです。たとえば、住宅ローンには固定金利型と変動金利型があります。金利の一番低い時に、固定金利型で住宅ローンを組むのが賢いやり方です。固定金利型がいわば定期死亡保険、変動金利型（ただし、毎年金利＝保険料が上がります）が一年更新型の保険になぞらえることができます。生命保険料は、若ければ若いほど保険料が安くなるのです。私は、この考えに従って、定期死亡保険をお勧めしています。

医療保険は市場の声を聴いて終身で設計

定期死亡保険の概略を決めた後、医療保険をどういう設計にするかという検討に入りました。システム的には、医療保険も同様に定期保険として設計すれば、対応は容易です。しかし私たちは、お客さまのニーズにこだわりました。いくつか行った市場調査は、明らかに「市場は、終身医療保険を望んでいる」という結果を示していたからです。そこでお客さまや市場のニーズに愚直に従って、医療保険は終身保険として設計しようという方針を立てました。

では、保険料の払い込み期間はどうするか。終身払いと有期払い（たとえば、六〇歳までに保険料を払い切ってしまう）という二つの選択肢がありました。終身払いは、毎月の保険料を安くすることができます。一方、有期払いの方は、収入のある間に保険料を払ってしまって、たとえば年金生活に入った後には保険料のことを心配する必要がありません。どちらにも一長一短はありますが、前述したように、高齢者よりも若年者の方が生活は苦しいのではないかというデータ（図表3-1）がありました（二九歳以下の世帯の平均所得三一七万円、七〇歳以上の世帯の平均所得四〇八万円）。そこで私たちは、保険料を少しでも安くする終身払いを選択したのです。考えてみれば、水道代や電気・ガス代も終身払いです。ともかく、子育てを担う若い世代に一円でも安い保険料を提供することがライフネット生命の使命だ、と考えたのです。

ところで、わが国の健康保険制度は、実は、世界に冠たる内容となっています。図表4-3を見ると、わが国の医療費対ＧＤＰ比率はＧ７中最低であることがわかります。一方でご存知のように平均寿命は世界一です。

つまり二〇世紀の日本は、少ないお金で世界一の長寿国を実現したということになります。もっとも、先進諸国で医療費の増大をもたらす原因が、医学や医療技術の進歩にあることを考えれば、医療費が少ないことは将来的には大きな問題をはらんでいるのかもしれ

図表 4-3 ■ G7 の医療費対 GDP 比率（2006 年）

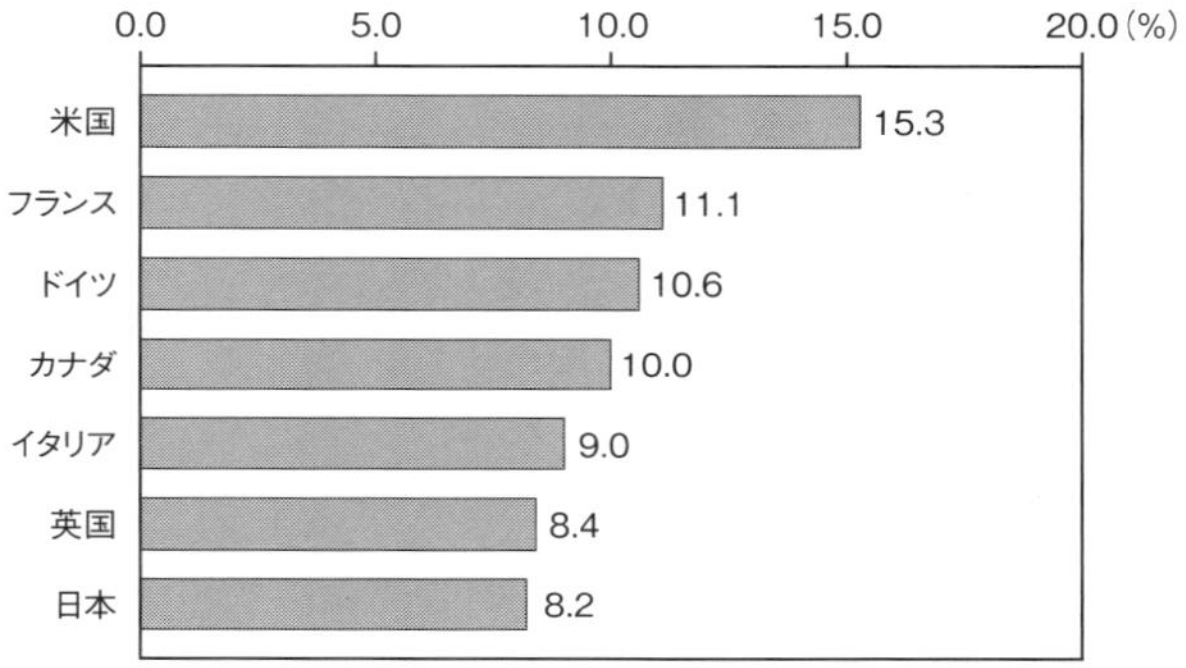

（注）日本は 2005 年データ。

出所：OECD Health Data 2008（Data last updated: June 08, 2008）

ませんが、現時点では、わが国の健康保険制度が非常に優れた制度であることは明らかです。なかでも高額療養費制度は、世界に誇れる内容を持っていると思います。ようするに、たとえば半年入院しいくらお金がかかったとしても、一般家庭の場合の自己負担額は最初の三か月が毎月八万円強、次の三か月は毎月四万四四〇〇円の負担で足りるのです。

このような優れた制度を前提にすれば、原則として民間の医療保険は、公的医療保険ではカバーできない差額ベッド代などを給付すればよいことになります。そこで、ライフネット生命では、一泊以上の入院について、現在の差額ベッド代の相場を参考にして、入院日額五〇〇〇円、一万円、一万五〇〇〇円の三つの給付を用意しました。世間では、日帰り入院を保障する医療保険がよく売れているようですが、日帰りなら、そもそも差額ベッド代自体が不要ではないかと考えたのです。入院日数は、大きな傾向として短縮化の方向にあります。そこで、一入院当たりの支払限度日数は六〇日タイプを基本として設計しました（ほかに、長期入院を懸念されるお客さまに選んでいただけるよう、一八〇日タイプも用意してあります）。入院給付のみのシンプルな医療保険は、現在はライフネット生命だけが販売しているのではないかと思われます。

手術給付については、高額療養費制度を前提にすれば、手術をした場合としなかった場合とで、お客さまの医療費の現実の負担額にそう大きな差異が生じるとは思えません。そこでライフネット生命では、六〇日型で手術給付金のつかない一番シンプルな医療保険を基本としています。

しかし市場調査の結果、手術給付のニーズが現実にあったので、お客さまの希望に応じて手術給付を選択できる商品設計としました。手術の難易度や手術費用にかかわらず、手術給付金は一律一〇万円としました。高額療養費制度を前提にすれば、当然のことであると考えています。

本人確認について

インターネットを経由して生命保険を販売する場合、本人確認をどうするか、すなわち、「なりすまし」をどう防ぐか、この問題を避けて通ることはできません。金融機関における本人確認については、従来は本人確認法（金融機関等による顧客等の本人確認等及び預金口座等の不正な利用の防止に関する法律、平成一四年法律第三二号）による規制が行われていましたが、二〇〇八年三月一日以降は、犯罪収益移転防止法（犯罪による収益の移転防止に関する法律、平成一九年法律第二二号）に基づき、金融機関に対して本人確認が義務づけられることになりました。生命保険会社の場合は、商品の種類によって本人確認が義務づけられる場合とそうでない場合があります。ライフネット生命のように、掛け捨て型の定期死亡保険や終身医療保険を販売する場合は、法律的には、本人確認は必要がないとされています。

しかし私たちは、インターネットを経由した直接販売をメインチャネルとして想定しており、なりすまし批判が生じやすい環境に置かれています。そうであれば、どのような保険商品を販売するにせよ、インターネット販売という特性からして、少なくとも開業当初は全件、厳格に本人確認を行うべきではないか、私はそう考えました。結果として、ライフネット生命は、お客さまに運転免許証、健康保険証、旅券（パスポート）などの本人確認書類（写し）を郵送していただくことにしました。それを当社の担当者が、ウェブサイトに入力していただいた内容と一件一件眼で照合して本人確認を行ったうえで、生命保険契約の引き受けを行い、お客さまの住所に保険証券を全件送付する、という事務プロセスを採用することにしました。

お客さまに手数をおかけすることにはなるし、インターネットで契約手続きが一〇〇％完了しないという問題はあります。しかし、生命保険は人生の大きなリスクに備えた、とても大切な契約です。またコンプライアンスを徹底的に大事にしたい、というライフネット生命の基本方針をご理解いただければ、と考えています。私たちは、どこよりも原理、原則に忠実な会社でありたいと願っています。

ちなみに、対面販売型の生命保険会社では、セールスパーソンが本人確認を行い、その旨を会社に報告するというやり方を採っているところが多いようです。その場合は、生命保険会社が本人確認書類を直接チェックすることがありません。私は、ライフネット生命の方が、既存の生命保険会社に比べて本人確認についてはより厳格な手続きを踏んでいるのではないかと、秘かに自負しています。もちろん将来的には、技術の進歩等も期待できますので、一〇〇％インターネットで完結できるように努めていきたいと思っています。

告知の取り扱い

同じような問題が健康状態などの告知についても生じました。インターネットで生命保険を販売するうえで、一番簡単な方法は、告知事項のない健康なお客さまだけを相手にするというやり方です。すなわち告知事項があれば、「申し訳ありませんがお引き受けできません」と、断ってしまう方法です。しかし、生命保険の原点に戻って考えれば、お客さまの健康状態をできるだけ正確に把握して、引き受けられる契約はできるだけ引き受けるべきではないのか、と考えました。

もちろんこの方法には、リスクもあります。お客さまの健康状態を詳しくお聞きして、引き受けが可能となれば、きっとそのお客さまには喜んでいただけることでしょう。一方で、もし健康状態が思わしくない場合は、詳しくお聞きした結果、お断りせざるをえない場合も当然生じます。その場合、お客さまによっては、「断るなら、さっさと断ってほしい。病状などセンシティブな個人情報を入力させておいて、断るとはけしからん」といった苦情が寄せられることも、覚悟しなければなりません（現に、開業後間もなく、そういった苦情を頂戴しました）。この問題でもずいぶん悩みましたが、私はやはり原理、原則に忠実に従う道を選びました。お客さまの健康状態をできるだけ詳しくお聞きして、引き受けられるものは極力引き受けようという方針を立てたのです。

そう割り切れば、あとはインターネットの利点をフルに活用するだけでした。対面販売型の生命保険会社では、告知には紙を使っています。告知書はＡ４一枚ぐらいの分量が多いようです。お客さまが、セールスパーソンや代理店のアドバイスを受けながら、告知を行うケースがおそらく大部分だと思われます。これに対してライフネット生命の場合は、インターネットを介して、お客さまときめの細かい対話を行うことができます。

たとえば過去の病歴を問う場合、正確な病名がすぐに頭に浮かばなければ、病気にかかった体の部位や診療科名（内科や泌尿器科など）を入力すれば、頻度の高い順に病名の一覧表が画面に表示されますので、自分の病名を思い出しやすくなります。また病状によっては、当社の担当者（専門医を含めたチーム）が、お客さまに具体的な質問を行うことにより、より正確にお客さまの健康状態を把握することができます。加えて、お客さまは、通常は一人でパソコンに向かっているので、隣にセールスパーソンや代理店がいる場合に比べて気兼ねなどをする必要もなく、より正直な告知が得られるのではないか、という期待も持っています。

ネット生保の話をすると、「非対面で告知は本当に大丈夫ですか」と聞かれることが多いのですが、私は紙を介して行う告知よりインターネットを介して行う告知の方が、はるかに詳細な情報が得られると考えています。紙（A４一枚）より、インターネットの方が、情報量が多く、また双方向での対話ができるので、当然と言えば当然のことです。なおライフネット生命は、高額契約や告知のみでは判断できない病状の場合には、健康診断書を送付していただいて、引き受けるかどうかの総合判断を行うことにしています。

話は少し脱線しますが、現在の科学のレベルから判断すると、ごく微量の血液でしかも瞬時に血液検査を行うことが可能であると聞いています。近い将来には、次のような光景がごく当たり前になるのではないでしょうか。ライフネット生命の新契約担当者が、お客さまとテレビ電話つきのパソコン（もしくは携帯電話）で話をしています。所定の採血キットで、お客さま自身に採血をしてもらいます。これは微量の血液を採取するだけなので、まったく痛くはありません。肌に触れる程度で済むはずです。それをお客さまのパソコンで直ちに解析をしていただき、その結果を双方で確認しながら、お客さまの保険料を決めていく。そういう世界がそう遠くないうちに実現するような気がします。

現在、わが国の生命保険は、原則として年齢別の保険料を採用していますが、同じ年齢でも、毎日大量のタバコを吸い大酒を飲んでいる人と、毎日節制してスポーツに励んでいる人とでは、当然リスクが異なるでしょう。生命保険料は、本来その人の健康状態に応じた「個別保険料」であるべきで、これをリスク細分型保険と呼んでいます。当社の医長の話によりますと、告知書のみで選択した契約のリスク度を一〇〇とした場合、医師が診察して選択した契約は八〇、健康診断書を取り寄せて選択した契約は六〇、（血液検査を含む）人間ドックの結果を取り寄せて選択した契約は五〇、といった具合にリスク度が逓減するそうです。このように血液検査の威力には絶大なものがあります。

将来インターネットを上手に活用すれば、生命保険はもっともっと手軽で便利なものになると私は信じています。もちろん、その頃には、前述した本人確認も、年金番号等と生体認証の組み合わせで瞬時に済ませることが可能になっていることでしょう。

二〇〇八年の一二月に、ある独立系の査定専門会社の方とお話しする機会がありました。その方は、ライフネット生命のウェブサイトで告知手続きをいろいろと試されたようですが、「現在わが国で営業している生命保険会社の中では、ライフネット生命の告知手続きが一番しっかりしていると思います」と言ってくださいました。告知は、生命保険の根幹を成す制度ですから、それを聞いて本当に嬉しく思いました。

どうやって保険料を半額にするか考える

生命保険料は、純保険料（いわば保険の原価。年齢や性別等によって異なります）と付加保険料（生命保険会社の手数料）から成り立っています。定期死亡保険の純保険料は死亡表から計算されますが、ほぼ全社が日本アクチュアリー会の「生保標準生命表（二〇〇七）」を使用しているため、どの生命保険会社であっても、純保険料はほぼ同一となります。したがって保険料の高低は、手数料の多寡によって決まります。

ライフネット生命が生命保険料を半額にするためには、この手数料を引き下げる工夫をしなければなりません。生命保険会社の手数料は、一般に販売経費六割、契約の維持管理経費四割と言われています。この両方を引き下げて初めて、わが国で最低水準の保険料を実現することができるのです。

まず販売経費ですが、ライフネット生命は原則としてセールスパーソンや既存の代理店のようなミドルパーソンを想定していないため、ミドルパーソンに支払う販売手数料の部分は大幅に縮減できます。ただし告知や本人確認に関わる業務は、前述したように生命保険業務の根幹だと考えていますので、思い切って十分なシステム投資を行いました。

次に維持管理経費ですが、まずお客さまとの接点であるコンタクトセンター（コールセンター）は、できるだけ遅くまで開けておきたいと考えました。私たちの店は、ウェブサイトとコンタクトセンターの二つしかありません。「お客さまにどこよりも便利な商品・サービスを提供する」ためには、可能な限り業界最長水準のコンタクトセンターを実現する必要があります。すなわち「わが国最低水準の生命保険料と最長水準のコンタクトセンターの組み合わせ」こそ、ライフネット生命の目指すところであると考えました。

そこで平日は、朝九時から夜の一〇時まで、土曜日は朝九時から夕方六時まで（日曜・祝日は休業）と決めたのです。

保険金や給付金の支払い業務については、第3章で述べたように、これも生命保険業務の根幹であると考え、十分な投資を行って「三重チェックシステム」を実現させました。

このように、コンタクトセンターや保険金・給付金支払い業務には十分お金をかけましたが、結果的には、維持管理経費も大きく縮減することができたのは、ウェブサイトからお客さまに直接入力していただくことに加えて、商品を徹底的にシンプルに設計したことが大きく寄与したからです。

第一に、商品の特約を全廃したことです。二つの商品はどちらも主契約（単品）だけで構成し、特約を一切管理しなくてもよくなりましたので、事務システムの構築もシンプルになりました。

第二に、解約返戻金や配当は支払わないと決めたことです。これは、生命保険料を安くすると同時に、支払いに伴う事務コストを削減するという一石二鳥の効果を狙ったものでした。また解約返戻金をなくすことは前述したとおり、不払いの原因を少なくすることにもつながります。

第三に、保険料の払込方法を、月払いだけとし、かつ銀行等の口座振替とクレジットカード払いに限定したことです。

第四に、保険金額の増額や、払済保険・延長保険への変更などの諸変更は取り扱わないとしたことです。ただし、保障ニーズの変化や家計所得の変化などに柔軟に対応できるよう、保険金額の減額のみは取り扱うことにしました。保険金額の増額は、新しい保険を買い増してもらえばいい、と割り切りました。

第五に、契約者貸付、保険料自動振替貸付、保険契約の復活などの諸制度は、取り扱わないとしました。その代わり保険料の払込猶予期間は、二か月まで延長し、保険契約の失効を防ぐ工夫をしました。

商品を徹底的にシンプルにすれば、お客さまの特殊なニーズには対応しきれないのではないかという批判がないわけではありません。しかしお客さまのあらゆるニーズに一〇〇%対応しようとすれば、特約だらけの複雑な商品にならざるをえません。私たちは、お客さまの細かいニーズについては、少なくとも開業時点においては必ずしも一〇〇%満たす必要はないと割り切ったのです。たとえば、ライフネット生命の生命保険に加入すれば、月払いでかつ口座振替かクレジットカード払いでしか保険料を支払う方法がありません。

保険料を一年分まとめて支払うことも、コンビニで支払うこともできません。その意味では、その部分のサービスが低下していると言われれば、それはそのとおりです。

しかしそれらの代償として、ライフネット生命は、わが国で活動している生命保険会社四六社の中で、定期死亡保険なら最も低水準の生命保険料を実現しました。また同時に、日曜・祝日を除いて最も遅くまで開いているコンタクトセンターも両立させることができました。枝葉を思い切って切り落として太い幹だけを残すことによって、私たちは、「保険料はできるだけ安く、コンタクトセンターはできるだけ長く」という当初の理想を実現したのです。オールド・エクイタブルを設立したドッドソンたちが考えた生命保険は、まさに、このようなシンプルで骨太な生命保険だったのではないでしょうか。

ところで、商品を徹底的にシンプルにすることにこだわったのは、単に維持管理コストを引き下げたいという理由からだけではありません。実は私は、主契約（単品）のみの生命保険商品が一つの理想形ではないかと思っているのです。

わが国の生命保険商品のほとんどは主契約に多くの特約がついた形で販売されています。加えて主契約自体も、単品（定期死亡保険や終身医療保険のようにある特定の一つの機能を持つ基本的な生命保険商品）ではなく、複合商品（定期死亡保険付き終身死亡保険など）の場合が多いようです。また特約自体が複合商品となっている場合（医療特約として、入院給付や

図表4-4■福袋を2つ重ねたような商品体系

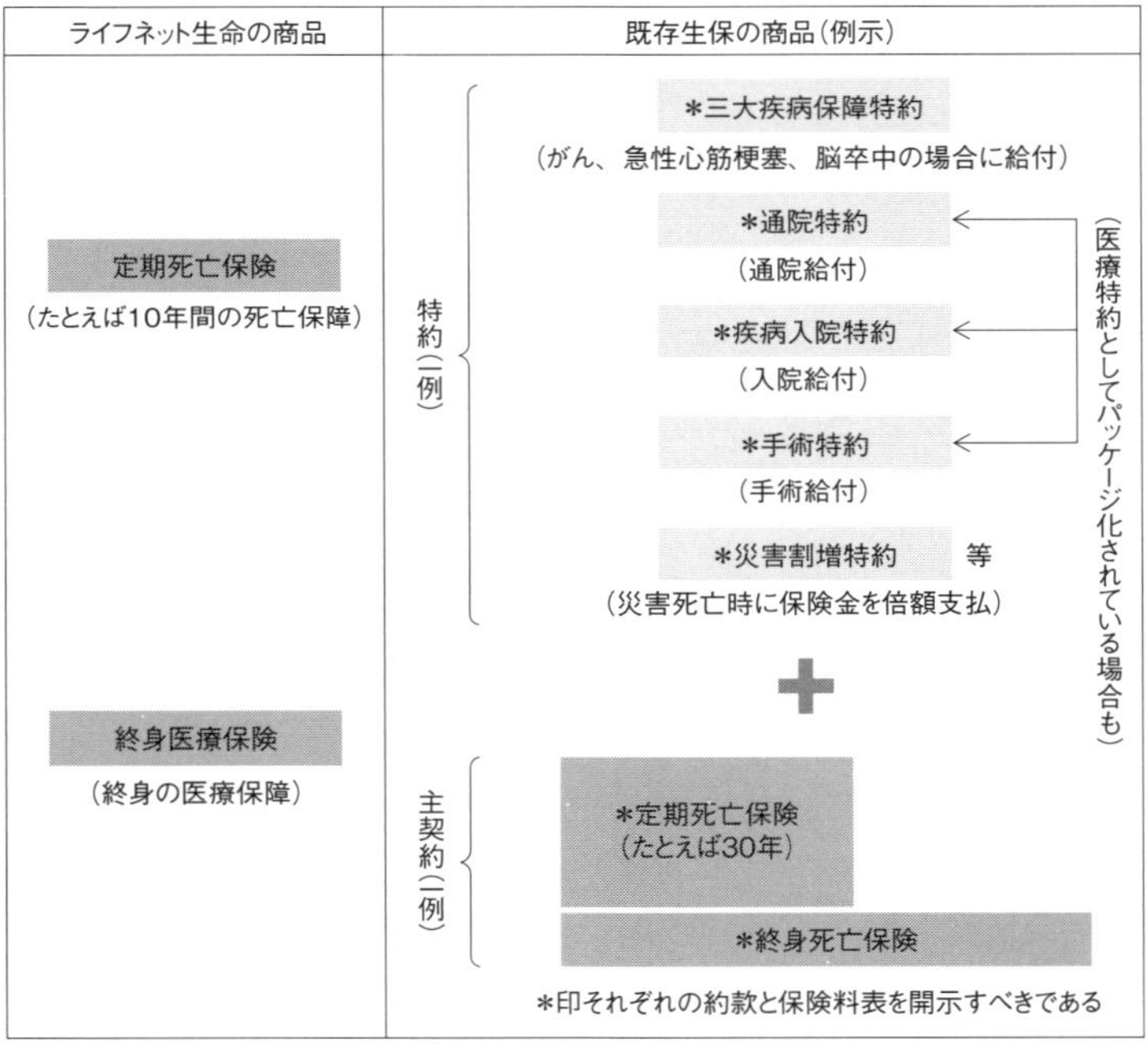

手術給付や通院給付をパッケージ化した商品など）も多々見られます（図表4-4）。このような複合商品（主契約）と複合商品（特約）の組み合わせは、いわばお正月のデパートの福袋を二つ重ねたようなもので、一見お得に見えますが、個々の単品商品の値段が比較できない、あるいは、不

要な機能までまとめて契約させられているのではないかといった批判がなされています。

子どもの遊具にレゴというブロックがありますが、私は、レゴを組み立てるように、お客さまが自由に自分に必要な単品を組み合わせて好みの生命保険をつくれるような仕組みが、将来の生命保険の一つの理想形だと思っています。もちろん、それぞれのレゴブロックが同じ生命保険会社の商品である必要はありません。たとえば、ライフネット生命の定期死亡保険にA生命の生存保険（介護保険）を組み合わせてもいいではありませんか。しかし、このような世界をつくっていくためには、生命保険商品ができるだけ単品（レゴブロック）に近い形で販売される必要があります。単品なら商品の内容（約款）もよりわかりやすくなりますし、商品の値段（生命保険料）も比較しやすくなります。

もちろん私は、生命保険商品は一〇〇％単品でなければならないと考えているわけでは決してありません。お客さまにとってわかりやすくて便利な特約であれば、付加することにまったく異存はありません。

一〇〇年続く会社をつくる

ライフネット生命が販売すべき商品の概要はこうしてほぼ固まりました。企業は、提供する商品やサービスがすべてであり命であると言っても決して過言ではありません。私たちの商品は、既存の生命保険会社の商品に比べれば、わかりやすく（シンプルな構成で約款もおそらくすべての生命保険会社の中で最も薄いのではないでしょうか）安くて（保険料を半額にしたいのです）便利だ（二四時間どこからでも申し込みが可能です）という特徴を持っています。

私はこの特徴をそのまま経営方針にしたのです。生命保険のように、住宅・マンションに次いで高額な商品を、内容がよくわからないままの状態でお客さまに販売することは、決して許されることではないと昔から考えていました。いかなる商品であれ、その商品の持つ機能を十分理解し、納得したうえで購入すべきだと思っていたからです。たとえ、どのように複雑な商品であっても、企業はその商品をわかりやすくお客さまに説明する努力を怠るべきではありません。また贅沢品は別として、同じ機能を持つ商品であれば、効率経営に努めて値段を少しでも安くしようと努めるのは、商いの正道だと信じます。さらにインターネットを使ってビジネスを行う以上、お客さまに少しでも便利にと願うこともごく自然な発想だと思われました。

私は、史書を読むのが好きですが、人間の歴史を見ると、つくづく人間は一人では生きていけない弱い動物である、と思い知らされます。助け合いこそが、人間社会の要です。助け合いの形には、洋の東西を問わず、自助、共助、公助という三つのパターンが見られます。自助は好ましいパターンではありますが、前述したようにグローバル経済の深化に伴って格差が拡大しているわが国の現状では、多くを期待できません。

公助はさらに期待薄でしょう。わが国の財政状況を一瞥すれば、長期的に見てこれ以上借金を増やすことはとうてい許されないと思います。わが国の財政状況は年々悪化しており、さらに忘れてはならないのは、今後わが国は諸外国に例を見ない急速な少子高齢化社会に突入するということです。労働適齢人口が減少していくなかで、誰がこの膨大な借金を返すというのでしょう。国債の発行は日本人同士の貸借なので問題がないという意見もありますが、私は民主主義の根本原則から考えて国債の大量継続発行は正統性を持ちえないと考えています。政治の要諦はつまるところ税金の分配です。このままの状況が続けば、私たちの子どもや孫の世代が選挙権を得た時、一般会計のおそらく三分の一以上が国債費となって消えてしまうのではないでしょうか。子どもや孫たちは、自分たちが使うべき税金を三分の一以上も勝手に使っていいと両親の世代に白紙委任したつもりはまったくない、と異議申し立てを行うでしょう。

このように考えれば、これからのわが国にとっては共助の仕組みがとても大切になります。生命保険は代表的な共助の仕組みです。その生命保険が、四年も続いた保険金不払い問題によって、機能不全に陥っていることはとても残念なことです。ライフネット生命を真っ正直に経営して、生命保険が失ったお客さまの信頼を取り戻すよすがとしたい、共助の仕組みをよみがえらせたい、そう思うようになるのは自然の成り行きでした。

こうして「正直に経営し、わかりやすく安くて便利な商品・サービスを提供する」という四つの経営方針（マニフェスト）が徐々に形を整えてきたのです。

また、歴史に戻りますが、国であれ企業であれ、すべからく人間のつくったものは人間に似ているような気がします。青年期があり壮年期があり寿命があります。人生一〇〇年の時代です。岩瀬君と話して、ライフネット生命は、一〇〇年続く企業にしようと誓い合いました。一〇〇年も時間があるのですから、目指すは世界一の保険会社です。単なる規模ではなく、お客さまや市場の評価が一番高い企業を目指すということです。

現在のライフネット生命は、実績ゼロに近いレベルです。私は、還暦を超えています。一〇〇年と言えば、法螺話に聞こえるのは無理からぬことかもしれません。歴史上のいろいろな出来事を見ていますと、人間が願ったことは九九%、いや九九・九%実現しないと言えると思います。しかし人間が願わなかったことが一〇〇%実現しないこともまた事実なのです。そのように考えて、ライフネット生命は一〇〇年続く企業にしようと決意したのです。そして、その最初のささやかな一里塚は、株主や金融庁に示した私たちの事業計画に沿って、開業後五年以内に保有契約で一五万件以上を確保することです。その次の一里塚は株式の上場です。そして一〇年後には、東アジアに進出して東アジアでお客さまや市場の評価が一番高い生命保険会社を目指したいと思っています。国土の広い中国やインドで膨大な数の中産階級に直接アクセスするにはネット生保の仕組みが最も適していると思うのですが、いかがでしょうか。

第５章

起業の原点は日本生命での経験

日本生命保険に入社

今から振り返って考えてみますと、ライフネット生命起業の原点は、すべて日本生命保険での経験にあったように思われます。そこで、日本生命時代のことを少しお話ししてみたいと思います。

私は、一九四八年に、三重県一志郡美杉村下多気（現在は津市に編入）で生まれました。奈良県に近い山間の村で、生家の横には雲出川が流れ、近くには北畠神社がありました。長じてからは上野市（現在の伊賀市）で育ち、上野高校から一九六七年に京都大学（法学部）に入学しました。当時は、全共闘運動の真っ盛りでした。大学は封鎖され、授業がありませんでしたので、ひたすら下宿で本を読む毎日です。デモや集会にも参加しましたが、いわゆるノンポリ学生の典型でした。

その頃から漠然と、川の流れに流されて生きていこう、と思っていました。人間の営みのすべては、脳がコントロールしています。しかし脳の活動の中で、意識として知覚される部分は、全体のわずかでしかありません。全体のわずかの部分で必死に考えた将来の設計図を前提に、一歩一歩キャリアを築き上げていくような人生はつまらない、そう考えていました。「一二〇歳を超えたら余生みたいなものだ」とよく友人に言っていたものです。

それに多くの自叙伝などを読んでわかったことは、人間の一生は人智を超えた何か大きな力によって動かされているということでした。これを運命と呼ぶ人もいます。自らの意思の力だけで何かを成し遂げた人は、とても少ないのです。チャンスを必死に求めたからといって、それなりの成果が得られるほど人生は単純ではないのです。ともあれ、自然体で自分に正直に生きようとすることが、easy-going な性格の私にとっては、おそらく都合がよかったのでしょう。

大学を卒業したくはなかったのですが、四回生の時、四つ違いの弟が入学してきました。実家が裕福ではなかったので、卒業しなければなりません。そこで、司法試験を受けて弁護士になろうと思いました。田舎の秀才にありがちな思い上がりで、試験に落ちるという発想はありませんでした。何せ大学受験も一校しか願書を出さなかったのですから。

その頃、デモで知り合った同じく司法試験を目指す友人から、滑り止めで就職試験を受けにいこうと誘われました。私は深くは考えずに、セーター、ジーパンに長髪という出で立ちで、三条京阪近くにあった彼の下宿を訪ね、その足で電車で大阪に向かいました。終点は淀屋橋です。駅の上に日本生命がありました。私たちは日本生命を訪ねて、「弁護士になるつもりだが、滑り止めにどこかの会社を受けておこうと思ってここにきた」という趣旨の話をしました。当時は、圧倒的に売り手市場だったのです。「落ちたらぜひきてください」と言われて、私たちは京都に帰りました。ところが、二人とも司法試験に落ちてしまったのです。

こうして一九七二年、私は日本生命に入社することになりました。当時は、生命保険も日本生命という会社もほとんど知りませんでした。ゼミ（憲法）の阿部照哉先生に卒業の報告に伺った時、「日本生命はどういう会社で、憲法とどういう関係があるのですか」と尋ねられて、答えに窮したことをよく覚えています。文科系の人間のやる仕事は、企画とか経理等が中心であり、その対象が生命保険であっても鉄や自動車であっても、さしたる違いはない、私は漠然とそう考えていました。

「社長になったつもりで仕事をやれ」

入社してみると、日本生命はとても風通しのよい自由闊達な社風の会社でした。一年間、京都支社で勤務したのち、大阪本店の企画部に配属になりました。上司（係長）は小林俊さん（現ニッセイ情報テクノロジー社長）で、夏になるとバケツに汲んできた水の中に足を入れて仕事をしているような職場でした。支社からきた私には、上司の小林さんは会社のことで知らないことは何一つないように見えました。秘かに「一年後には小林さんより物知りになってやろう」と心の中でつぶやいたものです。課長だった井上收さん（元日本生命副社長）や小林さんには、「企画部は、会社のまさに中枢なのだから、会社のことで知らないことがあったら恥だと思え」「一度言ったことは撤回するな（最後まで責任を持ってやり抜け）」「社長になったつもりで何事でも判断しろ」といったことを教えられたような気がします。

当時は夕方六時頃ともなると、各部門で部長を中心に酒盛りをしているところも多く、仕事の相談に行くと、まず一杯飲んでから、というような雰囲気でした。企画部には五年いましたが、二〜三年も経つと、確かに会社の中で起こっていることで、私の知らないことは何もないと思えるようになっていました。

この頃私は面白いことに気づきました。本来会社の仕事は単純で合理的なものです。おそらく九〇％の人が、与えられた課題に対して正しい解を見つけることができるはずです。ところが、現実の世界では、九〇％の人が正しい解から外れてしまうのです。どうしてかと言えば、仕事の目的以外のことを考慮に入れるからです。つまり、上司がこの発想は嫌いだとか、この案は前回の会議で評判が悪かったとか、ついつい余計なことを考えてしまうからです。私は、可能な限り仕事本来の目的だけを考えようと努めました。それに、どんなに小さな仕事であっても、純粋にその仕事の目的だけを考えて工夫すれば、達成感があり、とても楽しいということもわかりました。この頃から、食事と同じように、仕事の好き嫌いはほとんどなくなりました。

井上さんの次の課長である森口昌司さん（元日本生命専務取締役）は、「男は度胸」を絵に描いたような人で、仕事はもちろん麻雀もずいぶん鍛えられました。この頃、土日出勤も含めて一か月に麻雀を二五回やった記憶がありますが、さっぱり上達しませんでした。一九七八年の春には、社内論文で「経営計画の立て方」について書いたところ、ご褒美ということで、三か月間、欧米に出張に行かせてもらいました。三〇歳でした。初めて見る世界は多様な色彩に溢れており、この時から、読書に加えて「旅＝放浪」という趣味が私の人生に加わることになりました。

一九七九年に、東京総局の運用企画部門に転勤になりました。森口さんが上京の際にはよく訪ねてこられて、今度はカラオケを教わりました。金融や経済のことは、毎月のようにヒアリングに出向いていた日本興業銀行の久保愼二さんに教わりました。

一九八一年には、日本興業銀行の産業調査部への出向を命じられました。わずか一年間の出向でしたが、この一年間は実に得難い経験となりました。日本興業銀行の仕事のやり方は、日本生命とはまったく異なっていたのです。すべてがとても新鮮で、毎日が面白くてたまりませんでした。私は土日も休日も出勤して、学べることはすべて学ぼうと思いました。すべてのファイルが宝の山のように見えたのです。どのファイルを読んでも面白く、また大きな刺激を受けました。一年間で、鉄鋼、自動車、化学、電力の四業種を勉強させてもらいました。

化学担当グループ長の菊池斐雄さんには、ずいぶん鍛えられました。ある企業を訪問することになり、午後一時に、興銀の入り口で待ち合わせる約束をしました。その日のランチは興銀のとある部長さんにご馳走になっていたのですが、話がはずんで入り口にかけつけたのは一時三分頃でした。菊池さんの影も形もありません。あわててその企業に走って行って追いついたのですが、後で厳しく叱責されました。理由が何であろうとお客さまとの約束は約束だ、一分たりとも遅れてはいけない、すべては結果論だ、と。全国各地の化学コンビナートにも連れていっていただきましたが、コンビナートの配置図がすべて菊池さんの頭の中に入っているのには本当に驚きました。菊池さんには、常に木ではなく森を見るように教えられましたが、同時に木の枝葉一枚もおろそかにしてはいけないということも教わったような気がします。

興銀時代は、仕事ばかりをしていたわけではありません。よく飲みにも行きました。徹夜になり、翌朝、興銀の健康診療所のベッドで少し仮眠してから仕事に戻ったこともありました。のちに頭取になられた西村正雄さんは当時から、本当にカッコよい上役でした。

赤坂の小さなスナックで、長居をせずピアノを一曲弾いてから、「あとは君たち若い人同士で」と颯爽と帰っていかれました。興銀の一年間で、私の仕事（や遊び）のスタイルは、相当変わったような気がします。当時は若かったこともあって、夜の一二時を回ってからもさらにハシゴをするような毎日でした。給料はほとんど全部使っていたと思います。ボーナスで何とか穴埋めする生活でした。

また、私は、知らないお店に飛び込むのが好きでした（今でも、ランチに飛び込んで、そのお店が美味しかったら、一人で悦に入っています）。ある晩、酔っ払って銀座を歩いていたら、ふと「まり花」という看板が目につきました。マリファナのもじりだろうか、面白そうな感じがして、ふらっと飛び込みました。和服姿の西本衣公子さんが迎え入れてくれました。後から知ったことですが、知る人ぞ知る文壇バーで、飛び込みで入った客は、ほとんど誰もいないと西本さんによくからかわれたものです。ある日、隣に座ったのは作家の北杜夫さんでした。コースターの裏にサインをしてもらって娘（北さんのファンでした）が喜んだこともありました。「きよ田」にも何も知らずに飛び込みで入りました。本当に美味しいお寿司を食べさせてもらいました。ある日、小柄な老婦人が一人でお寿司を摘んでいました。食べる姿が、とても奇麗でしばらく見とれていました。「きよ田」の主人が、「白洲正子さんですよ」とそっと教えてくれました。

投資顧問会社の立ち上げ

興銀から運用企画部門に戻った私は、以前にも増して、中央官庁や日本銀行などに頻繁に出かけるようになり、また、できるだけ日本生命の若手を外の世界に出そうと心がけるようになりました。ある日、新聞で小さな記事を見つけました。外務省が民間から調査員を募集している、という内容でした。私はすぐに外務省の友人のもとに出向き、記事の信憑性を確認したうえで、社内の根回しを始めました。こうして日本生命から、初の外務省への出向者が誕生したのです。最初の勤務先は、ニュージーランド大使館でした。同様に、日本輸出入銀行（当時）やジェトロ（日本貿易振興機構）などにも若手社員を送り込みました。当時の日本生命は、外貨投資を増やしつつありました。私は、運用の国際化は必然であると考えていましたので、国際人材の養成が急務であると認識していたのです。

管理者として組織を任されるようになってから、私はずっと「元気で明るく楽しい職場づくり」を心がけてきました。ほとんどのサラリーマンは、朝から晩まで一日のほとんどの時間を職場で過ごすことになります。職場が楽しくなければ、生産性が向上するはずがありません。みんなが毎日、元気で明るく楽しく働いてくれれば、それで組織の目的の大半は達成できるのではないか、私はそう考えて、自由闊達な社風を維持・強化していこうと決意していました。この考えは、今もまったく変わっていません。ライフネット生命の役職員全員が、毎朝会社に出勤するのが楽しいと思わなければ、お客さまに本当によい商品・サービスを提供できるはずがないではありませんか。

当時の部下が、よく「うちのグループは、蜘蛛の子型組織ですね」と言って笑っていました。お昼になると、全員が蜘蛛の子を散らすようにいなくなるので、私は部下と食事をしようと思えばアポを取らなければなりませんでした。この対極が帝国陸軍型組織で、課長が顔をあげて「おっ、もうお昼やなぁ、どこか行こうか」と言うまで、誰一人顔をあげることなく仕事に没頭する（ふりをする）組織を指すらしいのです。私は、蜘蛛の子型と評価してもらえたことがとても嬉しかったことを覚えています。

また『生命保険経営』という業界の研究誌に部下によく投稿させていました。まず四月に、私が『生命保険経営』誌の事務局と話をして、年間の掲載枠をもらってしまうのです。その後で部下を集めて、阿弥陀くじで執筆担当と締切を決めます。あとは、各人に自由にテーマを決めさせ、督促するだけです。何人かの部下は、あまりにも横暴だと文句を言いましたが、私は、「お小遣い（原稿料）が入る、賢くなる、有名になる」という三つの利を説いて、説得してしまいました。何事も論文の形に仕上げれば、ずいぶん頭の中が整理されるものです。物を書く癖をつけることは、サラリーマンにとって、とても大切なことである、と私は信じていました。部下の中から、何人も優秀賞が出て、『生命保険経営』の事務局からは大変感謝されたものです。もっとも、ナマケモノの私自身は、単独では一度も投稿はしなかったのですが。

その頃には生保の運用資金が急増し始め、サラ金融資や外貨投資に流れ出したので、国会等でも「生保が円安の犯人ではないか」と問題になり、生保の資金を、超長期私募国債を発行して吸収しようという動きが大蔵省内で生まれてきました。私は、これは早くまとめなければ大変なことになりかねないと思ったので、運用を統括する生命保険協会の財務委員会を日本生命が担当することを提案し、当時日本生命の運用部門の責任者であった弘世徳太郎さん（元日本生命副社長）の了解を得ました。そして、私が、財務委員会の事務局を務めることになりました。いわゆるＭＯＦ担（大蔵省担当）としての仕事を始めるようになったのです。一九八三年七月のことでした。さっそく大蔵省と交渉して、一九八三年八月には、六〇〇〇億円の生保向け超長期（二〇年）私募国債のディールを取りまとめました。直利は八・〇八％。財務委員会では「低い金利で妥協した」とさんざん攻撃されたものです。今日の低金利時代から見ると、隔世の感がします。

金融の自由化、国際化は大きなうねりとなりつつありました。わが国でも、その流れの一環として投資顧問業が新たに解禁されようとしていたのです。私は、上司の設楽勝さん

（元日本生命副社長）と相談して「日本一の投資顧問会社をつくろう」という青写真を描きました。当時の日本生命は、わが国で最大の株式投資家でした。農林中央金庫が最大の債券投資家で、為替については専門銀行である東京銀行が一頭地を抜いていました。

そこで私はこの三社で、まったく新しい投資顧問会社をつくろうと考えたのです。連日のように三社で打ち合わせを行い、また、夜には飲みに行きました。話は、九〇％まとまるかと思われたのですが、農林中央金庫は、ＪＡ共済という大保険会社との関係があって参加に至らず、一九八五年に、残った二社でニッセイＢＯＴ投資顧問株式会社（現ニッセイアセットマネジメント）を立ち上げました。当時の農林中央金庫や東京銀行の担当者とは今でも交流が続いていますし、ニッセイアセットマネジメントが着実に発展してきたことはとても嬉しいことです。一九八七年には大蔵省の保険部長（当時）の関要さんが編集された『変貌する生命保険――21世紀へのビジョン』の資産運用に関する部分を書かせていただきました。これが、初めての著書になりました。

金融制度改革への挑戦

一九八五年の九月頃から、大蔵省の金融制度調査会を中心に、金融制度改革の議論が始められるようになりました。私は、生命保険会社に勤めていたので、少子高齢化が大問題になることに早くから気がついていました。生命保険は人に売る商品です。人口が半減すれば、業界の規模は半分になってしまいます。そのことは、容易に私の確信となりました。それを避けるためには、欧米の生命保険会社と同様に、①投資顧問、損保、銀行、証券など他業に進出するか②生命保険会社として海外に進出するか③これまでとは違う人海戦術に頼らない異質のビジネスモデルを試してみるか、の三点以外には道がないように思われたのです。

そして金融制度改革に参画することは、半世紀ぶりに保険業法を改正して他業に進出するまたとない機会であると私は直感しました。生命保険会社は金融機関ではありましたが、それまで金融制度調査会には縁がありませんでした。ありていに言えば、金融制度調査会は銀行、保険審議会は生保と損保、証券取引等審議会は証券という縦割り行政の仕組みがずっと続いてきたからでした。しかし金融制度改革は、これらの従来の縦割りの仕組みを根本から見直そうとする動きであるように思われたのです。

特に、一九八七年一二月に、「専門金融機関制度のあり方について」という報告が出された時には、とうとう山が動き始めた、ぜひ金融制度改革に参画しなくてはと思い、当時の上司であった弘世さんに進言しました。弘世さんは、大蔵省に行って参画の約束を取りつけてきてくださいました。こうして、私は、言いだしっぺがやるべきだということで、一九八八年二月から金融制度調査会で再開された金融制度改革にどっぷりと浸かることになったのです。金融制度調査会に引きずられる形で、一九八八年九月には、証券取引等審議会でも制度改革論議が生保も参加して始まり、一九八九年四月には、とうとう保険審議会でも議論が始まりました。

話は少し脱線しますが、弘世さんはとても洒脱ですばらしい人でした。よく「飲みに行く時には顔を洗ってから出かけるべきだ」と言われていました。アフターファイブには、女性は化粧を直してから出かける、それなのに男性が顔も洗わずに行くのは失礼だ、と。今で言えば、ワークライフバランスの真髄のようなものを教えられた気がしてなりません。金融制度調査会では、東大の館龍一郎先生と並んで阪大の蝋山昌一先生が重鎮として活躍されていました。弘世さんから、大阪の蝋山先生に挨拶に行くように言われて、弘世さんが自分で染められた蝶の風呂敷を持ってお訪ねしたことがあります（弘世さんは、蝶の収集が趣味の一つでした）。それが、蝋山先生との初めての出会いでした。蝋山先生には亡くなられるまで本当にいろいろなことを教えていただきました。一九九八年に、シカゴ大学の大学院でわが国の生保事情を講義したのも、蝋山先生の推薦によるものでした。

ところで、当時の生命保険会社にとっては、金融制度改革への参画は、まさに青天の霹靂だったに違いありません。まず業界内の意識を高めなければなりません。そのためには、海外の生命保険会社の実情を知ることが一番の近道ではないか、そう思った私は事務局となって、生命保険協会で金融制度問題を所管していた財務委員会主催の海外ミッションを、都合三回、欧米に派遣しました。また、生命保険協会長を輪番で務める大手五社の勉強会を、頻繁に開催することにしました。

さらに財務委員会の中に、金融制度改革の受け皿となる財務企画専門委員会を設置して、私が初代の委員長に就任しました。当時は日本生命の課長の名刺より、業界代表としての財務企画専門委員長の名刺を多用していたものです。名刺のご利益もありました。通産省（当時）の産業構造審議会資金部会や内閣情報調査室経済部門のお手伝いをさせていただいたのも、そのご縁です。また、新宿高島屋のビルは、わが国初の不動産転換ローンで建設されましたが、業界代表の立場から当時の国鉄清算事業団と話をして不動産転換ローンの大枠をまとめ上げたことは、懐かしい思い出です。

このようなかで、金融制度改革に対する業界の問題意識も徐々に高まっていきました。金融制度調査会や証券取引等審議会での発言原稿の作成や資料の収集などには、証券業務に詳しい川北英隆君に手伝ってもらいました。私は、一貫して、各業態間の業務の相互乗り入れと異質な競争の重要性を主張しました。新しい金融制度の構築に当たっては、銀行を中心とした「富士山型」ではなく、いくつも異質な峰がある「八ヶ岳型」が望ましいとも述べました（後で、どうやら八ヶ岳には登ったことはないらしい、と茶々を入れられたりはしましたが）。

またデスクワークだけではなく、生保各社への根回しに加えて、銀行や信託、損保、証券業界、それにメディアなどからも金融制度改革に関わる生きた情報を収集しなければなりませんでした。連日連夜、会合の予定が入り、それもダブルヘッダーやトリプルも稀ではなかったのです。我ながら、よく体が続いたものだと思います。ゴルフはやらないと決めていましたので、週末は解放されましたが、それでも土曜日はいつも夕方近くまで眠りこけていました。こうした活動の中で自ずと人脈らしきものも出来上がっていったのではないかと思っています。人脈づくりのコツなどをよく聞かれるのですが、「来る者は拒まず、去る者は追わず」以外の回答は思い浮かびません。

現在、アメリカのオバマ政権で財務長官を務めるティモシー・ガイトナーさんと知り合ったのも、この頃です。当時彼は、在日アメリカ大使館に勤めていました。資金量が急増していた生保の外貨投資は、為替市場にも大きな影響を与えるようになっていました。大蔵省の友人に当時三〇歳前後だったガイトナーさんを紹介され、生保の外貨投資についてニ～三度説明しました。とても質問が鋭かったことを覚えています。打ち合わせが終わった後、ガイトナーさんをカラオケに連れていったこともありました。一九九〇年には業界をあげて『生命保険新実務講座』全八巻を出版する運びとなり、うち二巻の一部を書かせていただきました。

金融制度改革は、弘世さんの後、設楽勝さんや、足立信之さん（元日本生命副会長）、小林幹司さん（元日本生命副会長）、井上收さんなどがしっかりとバトンを受け継いでくださいました。そして、一九九一年六月に、「業態別子会社方式で各金融業態が相互に乗り入れる」という結論が出され、バトンは保険審議会に託されたのです。その後保険審議会の答申（一九九二年六月）を受けて、一九九五年、半世紀ぶりに保険業法の大改正が行われました。そして、子会社方式で他業への進出が正式に認められるようになったのです。

「ザ・セイホ」、外資金融機関へ出資

話は多少前後しますが、一九八五年頃から日本生命の国際化をどう進めるか、という議論が社内で起こってきました。そして、マッキンゼー社と共同で国際化プロジェクトを運営することになり、私も日本生命の四人のコアメンバーの一人に選ばれました。そして三か月ほど、調査のためにロンドンに滞在しました。ロンドンは私にはとても住みやすい町

だったので、ここで働けたらなぁ、と思ったことを覚えています。紆余曲折があって、このプロジェクトは、一九八七年に日本生命が当時アメリカン・エキスプレス（ＡＸＰ）の子会社であったシェアソン・リーマン・ブラザーズ（ＳＬＢ）の株式を一三％（五億八三〇〇万ドル）購入することを骨子とする業務提携の形で結実しました。ＳＬＢは、特別の研修プログラムをつくって、日本生命の若い社員を大量に受け入れてくれました。

その頃から、「ザ・セイホ」という言葉が、しばしば使われるようになりました。これは私が『フィナンシャル・タイムズ』の記者に「日本の生保は歴史的な理由等により、資産運用の形態が欧米の生保とは大きく異なる。これからはジャパニーズ・ライフ・インシュアランス・カンパニーではなく、『ザ・セイホ』と呼んでほしい」と、しゃべったことが、その発端だったようです。この記者に呼ばれて、アムステルダムで開かれた「欧州金融会議」でザ・セイホの運用について発表したこともありました。

なお、のちの円高でＳＬＢへの投資には含み損が生じましたが、幸いにも私が国際業務部長の時代に、ＡＸＰの株価が上昇し（ＳＬＢ株のＡＸＰ株への転換権を付してありましたので）、含み損をすべて吸収してプラスの状態で売り抜けることができました。

国際化プロジェクトの結末がそろそろ見えてきた頃、日本生命創立一〇〇周年事業の一環として何をなすべきか、という話が出てきました。私は、以前から日比谷の日生劇場の建物に思い入れがあったので、そこに、ニッセイ総合研究所というシンクタンクを設立し、建物自体を文化・情報発信の殿堂としてはどうかというプランを出しました。やがて、ニッセイ基礎研究所を一九八八年に設立することが決まり、私は、一一名の準備委員の一人に選ばれました。

ニッセイ基礎研究所のトップには、大蔵省ＯＢの細見卓さんが就任されました。細見さんは、すばらしい人格者で、大蔵省幹部との勉強会を定期的に主催して、いつも私を呼んでくださいました。私のほかには日本生命の出席者がほとんどいなかったこともあって、細見さんの勉強会は、大蔵省幹部の放談会のような自由な雰囲気になり、黙って話を聞いているだけでもずいぶん勉強になりました。こんなによい学習の機会はないと思い、細見さんから声がかかった時は、ほとんどすべての予定をキャンセルして駆けつけたものです。

官僚と言えば、その頃、官僚を束ねていた後藤田正晴さんの話をどこかで読んだことがありました。若い官僚に向けたスピーチを収録したもので、その骨子は概ね、次のようなものでした。「諸君は、上司を自分の仕事で説得できなければ、自分を無能だと思いなさい。なぜなら、上司の方が職務範囲が広く、細部まで目が届かないのであるから。また、お茶くみのおばさんに可愛がられなければ、決して偉くなろうとは思ってはいけない。なぜなら、失うものがない彼女たちは、諸君の人間性を一番よく見ているのだから」。これは、今でも至言だと思っています。

ロンドン時代

一九九二年、金融制度調査会から解放された私は、足かけ一三年に及んだ運用企画部門を離れ、ロンドン事務所長（現地法人社長）に任命されました。初めて組織のトップの経験を積むことになったのです。赴任までの数か月、ベルリッツに通って英語を特訓しましたが、四四歳の耳は遅々として進みませんでした。ロンドンに運んだ荷物はわずか七箱でしたが、私はその中に、愛読書の『よりぬきサザエさん』と『いじわるばあさん』を入れました。英語で疲れた時には、人生のペーソスのすべてが書かれているサザエさんやいじわるばあさんに、癒してもらおうと思ったのです。

日本生命のロンドン事務所は、総勢約二五人、円ローンの営業と、証券投資、それに調査業務を担当していました。北欧諸国やバルセロナ市やミュンヘン市などのヨーロッパの大きな都市は、ロンドンのユーロ市場で財政資金の調達を行っていましたが、一〇〇億円程度の資金需要には、起債よりも私募債（ローン）の方がふさわしかったのです。ユーザーの資金需要を見定め、円金利とユーロ金利を見比べながら、タイミングを見てビジネスチャンスをうかがう、それが円ローンの仕事でした。私は、毎年一〇〇〇億円前後の貸し出しを行っていました。証券業務の方は、ほぼスタッフ全員が英国人で、日本生命がジャージー島（タックス・ヘイヴン）に設立した総額約五億米ドルのファンドを運用していました。

着任して間もなく、運用チームヘッドのマイケル・ウォードが、私に最初の四半期の運用方針を説明にきました。経済見通し、金利見通しから運用方針までロジカルに組み立ててあったので、原案どおり了承しました。私は、参考のためにと、マイケルに質問しました。「SGウォーバーグ（当時の代表的な投資銀行の一つ）の金利見通しを教えてほしい」と。日本生命では、日本興業銀行や三菱銀行、野村證券などの経済・金利見通しを（日本生命の見通しと併せて）報告することが通例だったからです。マイケルは「よく知らない」と答えました。「自分の見通しをボスである出口さんに説明し、了承してもらった。よその会社の見通しを知ったところで、どんな意味があるのか」と。私は、そのとおりだと思って反省しました。

新しい仕事、新しい赴任地で、私は好奇心の塊になりました。英語は一向にうまくなりませんでしたので、「四四歳で英語が上達すれば、ローストチキンが空を飛ぶだろう」と下手なジョークを言ってはごまかしていました。それでもパーティでは知人がいなくても最後まで会場に残るとか、誘われたらどこにでも行くとか、勝手にルールを決めて、できるだけ外国人と接しようと努めました。過去の読書が拙い英語力を多少は補ってくれました（たとえば、私は、英国国王の名前を全員順番に空んじることができました）。

「英国の初等教育のポイントは二つ。人間はそれぞれ顔が違うように考えも違う、自分の考えをしっかり話せるように指導することが一つ。もう一つは、そのような人々が集まって社会を形づくるのだから、queue（並ぶこと、お互いに譲ること）を教えること」。これは、当時ある保険ブローカーから教えてもらったことですが、今でも、強く心に焼きついています。元駐日大使のヒュー・コータッツィ夫妻とも旧交を温めることができました。「日本人も英国人も同じ人間で、何も違いはない。立派な人と、そうでない人がいるだけだ」といつもサー・ヒューは話していました。

ミッテランによく似た著名な投資銀行家、フォン・クレムさんには、なぜか可愛がってもらいました。彼は投資銀行業務の傍ら、ロンドンで初めて三つ星を獲得したレストラン、ル・ガブローシュにも投資をしており、そのおかげで、シェフのルー兄弟とも知り合いになりました。後年クレムさんが東京に遊びに来た時、文京区にあった「ル・リス・ダン・ラ・バレ」というレストランで食事をしました。山本耀司のネクタイを締めて、ル・ガブローシュより美味しいと、子どものようにはしゃいでいたクレムさんでしたが、翌年、還らぬ人となりました。

南アフリカ共和国のユダヤ人、ローレンス・ミラー弁護士とは、ふとしたきっかけで親しくなりました。私は昔から『ヘンリー四世』のハル王子が好きだったので、名刺には名前の治明（はるあき）をもじって「Ｈａｌ」と刷っていました。ミラーさんも、シェイクスピアの愛読者だったので、シティの日本生命の事務所に訪ねてきたときは、いつも「プリンス・ハルはいますか」と尋ねては、ジーナ・フライヤー（私の秘書）の苦笑をかっていたものです。

一九九三年、彼とよく相談して南アフリカを訪ね、蔵相と中央銀行総裁に面談したうえで、「南アフリカ向け一〇〇億円の融資。期間三年。金利は長期プライム。中央銀行の保証付き」というスキームをまとめました。破格の条件でしたが、南アフリカは国際社会へ復帰する直前だったので、西側との金融取引の実績づくりに餓えていたのだと思います。しかしこのスキームは、日本生命の本部の了承を取りつけることができませんでした。日本で「最初に」南アフリカの政治リスクは取りたくない、という理由でした。もしあの時リスクを取っていれば、半分冗談ですが南アフリカに日本生命の社長の銅像ぐらいは建っていたかもしれない、と思ったりもしています。

イタリアにＥＦＩＭという国策会社があり、日本生命がイタリア政府保証で一〇〇億円を貸し付けていました。ところが一九九二年七月に、突然ＥＦＩＭは倒産しました。実は、イタリアがEUに加入するため、国家債務を無理に減らそうとした計画倒産でした。日本は一〇社（行）が与信を行っており、三〇〇億円の残高がありましたが、日本生命が突出していましたので、私が債権団の代表となりました。昂じてくると、英語からイタリア語に変わる相手との交渉はなかなかに骨が折れました。日帰り出張を中心に、二〇回以上イタリアに交渉に出向いた気がします。一九九四年五月には、何とか元本全額を回収することができました。

ロンドンでは、オペラと演劇に夢中になりました。特に、ロイヤル・シェイクスピア・カンパニーの俳優の体の鍛え方や演技力、演出の斬新さには強く心を惹かれました。五時半の終業時に会社を飛び出し、車を運転してストラトフォードに向かうと、七時頃にはスワン劇場に到着します。大急ぎでサンドイッチをかじって、七時半から観劇します。大体、一一時頃には終演となりますので、パブでお腹に少し入れて、ロンドンに向かいます。ほとんど無人の道路をドライブするのは本当に爽快でした。一時頃には、自宅に帰りつきます。これが無上の楽しみでした。

単身で海外に赴任すれば、若干の貯金ができる、そう言われていましたが、私の場合は完全に持ち出しでした。週末には、ヨーロッパ中の美術館や教会を訪ね（絵画、宗教、歴史が私の一番好きな分野です）、夜は夜でミシュランの星のついたレストランや劇場に通っては、ワインに夢中になっていたからです（ロマネ・コンティや、誕生年の一九四八年のワインも飲みました）。もともと「悔いなし、遺産なし」が信条ですから、まったく後悔はしていませんが、帰国後、同僚から社内預金のあまりの少なさに、「老後はどうするのですか」と詰問されてまいったことがあります。「ヨーロッパでツアーの添乗員をして、食い扶持を稼ぐから大丈夫」と答えたら怪訝な顔をしていました。今でも、私に一番適した職業は海外旅行の添乗員なのではないかと固く信じています。

海外への進出

一九九五年に、私は東京に呼び戻され、後ろ髪を引かれる思いでロンドンを後にしました。当時は、退職後はロンドンに住みたいと本気で夢想していたため、わずかな預金口座は、いまだにロンドンに残したままになっています。それほど、初めての海外勤務は刺激的でした。

新しいポジションは、国際業務部長でした。私は、日本生命の本格的な海外進出に道筋をつけようと決意していました。①地理的にも、またこれからの発展性を考えても、日本生命が進出すべきは、まずもってアジアである、②東南アジアでも、経済を押さえているのは華僑であり中国人である、③いずれにせよ、中国人とディールを行うのであれば、本丸である中国本土、なかでも一番進んでいる上海市から始めるべきではないか、私はそう考えました。

役員会の了承を取りつけて、初めて北京に向かいました。当時は、中央銀行である中国人民銀行が保険業務を管轄していました。進出したいという意向を伝えると、先方からは「中国に進出したければ、毎月、北京・上海に来るなど、まずは日本生命の熱意を見せてほしい。すでに欧米の五〇社以上の保険会社が免許申請の列をなしているのだから」と言われました。こうして、私の中国行脚が始まったのです。残念ながら私の三年の在任期間の間は、さしたる進展がなく終わってしまいました。ちなみに、日本生命が上海に進出（合弁会社設立）したのは、二〇〇三年のことです。

当時の上海は、浦東《プードン》の建設が始まったばかりでした。中国人民銀行上海支店が浦東に移って間もなく、大雨の日に訪問しましたが、前の道路が未舗装で靴の泥を大あわてでハンカチで拭った記憶があります。北京に次いで上海にも日本生命の事務所を開設し、中国にも知人が増えていきました。中国人民銀行の幹部はアメリカの大学院に留学した若手が多く、付き合うにつれ、結構本音で話ができるようになりました。仲良くなってくると「中国は、国家の原則は社会主義、金融政策の原則は市場主義。日本は、国家の原則は資本主義、でも金融政策は社会主義的ですね」と、からかわれたりもしました。私が、「ソ連に次いで、いずれ中国の社会主義も失敗するんじゃありませんか」と尋ねると「大丈夫。ロシア人は、マルクス、レーニンしか読むものがなかったが、われわれは、それに加えて中国五〇〇〇年の歴史を勉強しているから、失敗したりしませんよ」と切り返されたりしました（そういえば、毛沢東語録は、たたずまいが、論語に似ているような気がします）。

上海の浦東空港は海沿いで、市街地からはかなり遠くにあります。「浦東はガラ空きなのに、どうしてもっと近くに空港をつくらなかったのですか」と尋ねたら「浦東には、アジアの金融首都として、第二の上海市をつくりたいのです。だからスペースが必要なのです」と答えます。結構長いスパンで物事を考えているんだ、と感心した記憶があります。

中国への進出にあたっては、さまざまな方からアドバイスをいただきましたが、なかでも、医師の一宮勝也先生は忘れ難い方でした。最低一〇年、二〇年というスパンで中国と付き合うことの大切さを教えていただいたのですが、突然の訃報の後、故人の強い遺志で家族だけの密葬にするから、と参列を拒まれました。その後数日して一宮先生ご本人からお手紙をいただきました。「突然あの世に行くことになったので、挨拶する暇がなかった。申し訳ない。この世は本当に楽しかった。皆さんにお世話になって本当にありがとう。皆さんがあの世に来られたら大歓迎するよ。でも急がずに、まだまだこの世で頑張ってください」という内容でした。生前にきちんと準備をされていたのだろうと思います。今でも一宮先生の温顔が目に浮かびます。

日本生命に入社してしばらく経った時、社史を読みました。私は、三代目の社長だった弘世助太郎という人物に魅せられました。日本一の生保となった後、弘世さんは、欧米への視察の旅に出かけました。そして、そこで彼我の実力の差を思い知らされたのです。帰国した弘世さんは「臥薪嘗胆《がしんしょうたん》二〇年、世界制覇」という旗印を高々と掲げました。一九三〇年代の話です。私はその話を読んだ時、生意気にも、弘世さんの掲げた旗をできるものならばもう一度掲げたい、と強く思いました。その思いは、ずっと消えることがありませんでした。

一九九六年に、私は「二〇二〇年に、日本生命の売上の二〇％は海外から稼ぎたい」というマスタープランを役員会に諮って承認を得ました。当時の伊藤助成社長が、チャレンジしようと言ってサポートしてくださいました。二〇が三つ続くので、私は、「トリプル二〇」と呼んでいましたが、何のことはありません、トリプル二〇は、弘世さんの「臥薪嘗胆二〇年」の焼き直しだったのです。世界進出が不可避なことを社内でよく認知してもらおうと、著名人にインターナショナル・アドバイザーになってもらいました。

ドイツ連銀の総裁だったカール・オットー・ペールさんや、英国の外相だったダグラス・ハードさんたちです。成田まで、ペールさんやハードさんを迎えにいきました。ハードさんはとても気さくな方で「北京で朱鎔基首相と会談して保険会社の中国進出をアピールしたところ、認めるから順番をつけてください、と言われて即答できなかった。横に英国の三社の保険会社のトップが座っていたので、つい気兼ねしてしまってね。チャンスだったのに残念なことをした」などと車中で話してくださいました。ハードさんに比べるとペールさんは少し気難しい感じがしましたが、きっと私のプア・イングリッシュのせいだと思います。

当時のドイツ銀行と日本生命は、とても親密でした。トリプル二〇を成功させるためには、Ｍ＆Ａしかない、そのための一助として、欧米の金融機関の経営を勉強したいと思いました。そこで手始めに、ドイツ銀行の株主総会を見学させてもらうことにしたのです。この総会は一六時間続いたのですが、私たちのためにドイツ銀行は独英の同時通訳を手配してくれました。その一六時間の間、頭取は立ちっ放しで一人ですべての質問に答えていました。私は、アテンド役の隣席の金融法人部長に尋ねました。「つまらない質問ぐらいは、なぜ横に座っている役員たちに答えさせないんですか。疲れるだけではありませんか」。答えは明快でした。「すべての株主の質問に答えるのが頭取の役目です。彼が他の役員に質問を振れば、株主は、頭取はもうすべての質問に答える能力を失った、新しい有能な頭取に取り換えよう、と思うでしょう」と。

何人かの欧米の金融機関のトップに、直接、話を聞いたことがありますが、ほぼ全員が異常なほど仕事に集中して打ち込んでいました。欧米の金融機関のトップの報酬は当時でも日本の五～一〇倍はあると報じられていましたが、もしどちらかを選べと言われたら、私は躊躇なく日本の頭取を選んだと思います。スイス銀行のマルセル・オスペル頭取に「レイオフは従業員を犠牲にしているのではありませんか」と尋ねたら、速射砲のような答えが返ってきました。「スイス銀行内ではポストが与えられない人間を組織内に抱えていれば、彼は、無為に齢を重ねるだけです。飼い殺しほど非人間的なことはありません。すぐクビにして、彼に新しいチャレンジの機会を与えるべきです」と。

海外出張の途中で、とある機長の話を聞く機会がありました。「経験の浅いパイロットは、異常事態が生じるとあわてて急降下を始めるなど、すぐに何らかの対策を実行し始めます。これはかえって危険です。経験を積んだパイロットは、異常事態の原因に確信が持てるまで何も行動せず、そのまま飛び続けます」。今でも、彼のこの言葉をしばしば思い出しています。

ボストンに設立していた投資顧問子会社の国際展開の件で、ドイツのDGバンクのウーリッヒ・フラッハ副頭取と何度も交渉を重ねたことがあります。彼のリーダー論はとても勉強になりました。「組織を率いるリーダーに必要な資質は三つ。まず、明快なビジョンを持っていなければ駄目だ。やりたいことがなく偉くなりたいだけの人間がトップになれば、その組織は不幸だと言う以外にない。次に、そのビジョンを仲間にロジカルに説明して納得させる能力が必要だ。そして最後に、そのビジョンの達成に向けて組織のやる気を起こし、引っ張っていく能力が必要だ。政治家も同じこと、なかなかよいリーダーはいないけどね」。わが国の一部のリーダー論に見られる禅問答のような話に比べれば、はるかに合点がいきました。

話が脱線しますが、私は、リーダーとエリートは別物だと思っています。「時間と空間を超えて公のことを構想できる人間」というのが私のエリートの定義です。

大清の時代に、林則徐という高級官僚がいました。英国領インドから輸入され、中国を蝕んでいたアヘン対策の全権を持つ欽差大臣に任命された林則徐は、まず、敵国となるであろう英国の情報収集に努めました。そして広東に赴任した林則徐は、英国の商人からアヘンを没収して廃棄しました。しかし時代は林則徐に味方しませんでした。アヘン戦争が起こって、林則徐は、解任され新疆に左遷されました。林則徐は、収集した膨大な文献を友人の学者に託しました。いずれ、これらの情報が役に立つ時がくると考えたのです。その学者は、林則徐の遺志に応えて『海国図誌』という書物にまとめました。吉田松陰たち幕末の志士は、この『海国図誌』によって欧米列強の姿を学んだのです。林則徐の志は、時間と空間を超えて、明治維新にまでつながりました。

なぜここで林則徐の話をしたかと言いますと、実は生命保険という概念を、わが国に初めて紹介したのが、この『海国図誌』であったからです。そこでは「命担保」という単語が当てられています。

ところでバブル崩壊後、わが国の生命保険業界は冬の時代に入りました。日本生命でも経営方針が大きく変わり、他業への進出も海外進出もひとまずストップして、本業（女性セールスによる販売への専念）に回帰することになりました。一九九七年のことでした。業界他社はひらたく言えば敵だということになり、業界活動などをしている余裕はないという雰囲気となりました。

私は、短期的には一つの戦略として採りうる方針だということは十分理解できましたが、長期的には日本生命の地位の低下をもたらすという懸念をどうしても拭い去ることができませんでした。人口が減少していくなかで、日本生命のようなリーディング・カンパニーが、他業にも海外にも進出していかなければ、縮小均衡に陥る以外に道がないではないか、また、業界他社のシェアを奪い続けることは、ピラミッドの頂点にいるものが自分の足を食べる行為に似て、ピラミッド自体が低くなるだけではないか、私はそう思ったのです。

さしたる成果を収めることはできませんでしたが、私は、日本生命で、「他業への進出（金融制度改革、保険業法の改正）」と「海外への進出」に、共にチャレンジする機会を与えられました。このような機会を与えられたことについては、今でもとても日本生命に感謝しています。

異質のビジネスモデルを試してみたい

一九九八年に営業部門（公務員相手に団体保険を販売する公務部長）に転勤になった後、私は、一九八五年頃に考えた少子高齢化社会に対応するもう一つの方法である「これまでとは違う異質のビジネスモデルを試してみたい」という気持ちに、さらに強くとらわれるようになりました。わが国の生命保険会社は、税理士のネットワークを活用した大同生命や、貯蓄保険に重点を置いた太陽生命など、若干のバリエーションを例外として、基本的には、「一社専属のセールスパーソンを大量に雇用して家庭や会社に頻繁に訪問を行い、相対的に高額の死亡保険を多数販売する」というビジネスモデルを踏襲していました。会社の規模の大小はありましたが、ほとんどすべての生命保険会社が、いわば金太郎飴の構造を呈していたのです。同質的な競争がいくら激しくても、そこからは進化が得られないのではないか、私はそう考えていました。「異質の競争、すなわち、多様な八ヶ岳型こそ進化の原動力になる」。これは、金融制度改革から私が学んだ信念でした。ノイズを起こさなければ何事も前には進めないのです。

このようにして、第1章で述べた「e-life」の発想が浮かんできたのです。

ところで、初めての営業の仕事はなかなかに面白いものでした。公務部長は二人いましたが、自治省が私の所管でしたので、私は自分で全国の県庁も所管にすると宣言して、全国の県庁や市庁への行脚を始めました。担当役員の名原剛さん（元日本生命副社長）は、笑って許してくださいました。

お客さまに、大変神社好きの人がいました。話を聞いているうちに、私も神社巡りをしたくなりました。こうして週末を利用して全国の一の宮を回ることになり、雄山神社の峰本社（立山山頂）を除いて、すべての一の宮に参拝しました。田舎では次のバスを待つ間、よく宮司さんを訪ねては、いろいろとお話を伺いました。参拝者が少なかったせいか、どの宮司さんも親切で、住吉三神は航海の目印にしたオリオン座の三つ星がその起源であるなど、ずいぶん面白いお話を伺うことができました。

営業部門には、私にはあまり合理的とは思われない精神論的な慣習が残っていました。たとえば毎朝必ず朝礼して、部長が精神訓話を垂れるような風習があったのです。私は即刻、朝礼をやめてしまいました。営業部門では、売上の多寡が人事評価につながりますので、みんなは少しでも売上を伸ばしたいと必死に努力しています。つまり組織の目的は明確なのです。それなら、精神訓話を聞いている時間があれば、お客さまと話をしている方が、はるかに理に適っていると考えたからです。

心がけたことの一つに、スピードの重視があります。高校の物理の授業で、運動量＝質量×速度という公式を習った記憶があるのですが、質量を個人の能力と置き換えると、スピードを増す方が、相手に与える印象力はまったく違ったものになるのではないでしょうか。私は、特にお客さまに頼まれたことは、他の内部の仕事はいったん忘れて、最優先で回答するように努めていました（もちろん、今もそうしています）。スピード重視は、内部の仕事でもまったく同じことです。すぐレポートが出てくれば、多少不出来でも、これだけ早いのだからとつい大目に見がちです。逆に遅くなると、レポートが完全でも、これだけ時間をかけたのだからと、見る目が厳しくなります。仕事はスピードです。

また、部下が、「どうしましょう。決めてください」と相談にきた時には、すべて追い返していました。私より部下の方がお客さまと接する時間が長く、お客さまのことをよく知っているはずです。「こういう状況で、対案としては、Ａ案とＢ案があります。私はこういう理由でＡ案の方がいいと思いますが、これでいいかどうか決めてください」と言ってきた時だけ、相談に乗ることにしました。

たとえば同僚と話している時、電話がかかってきます。これまでは、「ただいま、部長は打ち合わせ中です」と回答していたのを、即刻つないでもらうように改めました。後で電話をすれば、相手が不在の場合もあり、つながるまでにお互い相当のコストがかかります。つまらない電話ならすぐに切ればよいし、大事な電話なら、（その時につながなければ）お互い貴重な時間を失うことになります。第一、外部のお客さまと内部の打ち合わせなら、お客さまを優先するのが当然ではないでしょうか。

また、社内の会議は三〇分か一時間と決めて、最初に会議の目的を相互確認することにしました。今日は何を決めるのか、ということです。もちろん何も決めない放談会が目的であってもいいわけですが、人件費を考えれば会議ほど高くつくものはない、私は昔からそう思っていましたし、だらだら続く会議は大嫌いでした。

仕事をしていくうえで、一番陥りやすい誤謬は、時間もスタッフも無制限だ、と錯覚することだと思います。時間とスタッフが自由に使えるなら、おそらく誰でも一〇〇点の答案を書けるでしょう。しかし、現実のビジネスは（どういう反応が戻ってくるか必ずしも読めない）お客さま（相手）がいて、締め切りがあり、時間もスタッフも有限のなかで行われているのです。どのような状況でも、コンスタントに七〇点の答案を書き切るのが仕事だと、私はずっと考えてきました。そのためには、アロケーション（限られた資源の配分）がことのほか重要です。運用では、いくら優れたファンドマネージャーを集めても、全体のアセット・アロケーションを間違えれば、トータルの運用利回りは悲惨なことになります。個々のアセット利回りで勝っても、全体では負けてしまうのです。まったく同じことで、いくら優秀なスタッフを集めても、木を見て森を見ない（仕事の）アロケーションでは、組織全体の効率を上げることはできないと思います。

営業現場に身を置いて改めて痛感したことの一つは、大会社はついつい自分の尺度で物事を見てしまうということです。いわば、「プロクルステスの寝台」のようなもので、自分の都合（寝台）に合わせて、勝手に相手の都合（身長）を伸ばしたり縮めたりしがちだということです。お客さまのお話をじっくりと聞いているうちに、そのことがよくわかりました。言うは易いのですが、「相手の立場に立って考える」ということは、本当に難しいことだと思います。今でもそう思って事あるごとに自戒しています。

私は、ナマケモノの部長でしたが、同僚が本当によく働いてくれて、五年間の公務部長時代に、日本生命の団体保険の売上高全体の二割強の業績をあげることができました。営業職の部長は三〇名ほどいましたから、三％前後を売り上げれば、最低限のノルマは果たしたことになります。当時の公務部の皆さんには、本当に感謝しています。

人の出会いは不思議なもの

二〇〇一年の四月、友人に頼まれて、一緒に「パシフィック・アトランティック・クラブ」(PAC)という小さな勉強会を立ち上げたことがあります(www.pac-j.com)。会長には、隅谷三喜男先生に就任していただきました。奥さまが言われていたように「聖書が歩いている」ような本当に高潔な方でした。お話を聞いているだけで、まさに全身が洗われる気がしたものです。最晩年のことで、四~五回しかお目にかかれませんでしたが、今でも隅谷先生の一挙手一投足は、まるで昨日お会いしたように鮮明に浮かんできます。

若桑みどり先生の『クアトロ・ラガッツィ』を一晩で読み終えた時は、興奮冷めやらず、すぐに若桑先生がお勤めの川村学園に電話をしました。運よく、先生が電話口に出られました。PACでの講演をお願いしたら「『クアトロ・ラガッツィ』で講演を頼まれたのは初めてよ」と、即座に快諾してくださいました。とても感動的なお話だったので、同じテーマで別の場でさらに二度、講演をお願いしました。貴重な研究の時間を奪ってしまったことが悔やまれます。PACは、事務局の私がライフネット生命の立ち上げで多忙になったため、開店休業の状態で、会員の皆さまには本当に申し訳なく思っています。

二〇〇三年から、私は、大星ビル管理に移りました。担当は、PFI・指定管理者業務の統括であり、ビル管理会社にとってはまったく新しい分野でしたので、やりがいのある面白い仕事でした。東京大学柏キャンパスの総合研究棟施設整備事業（ＰＦＩ）や、東京都の日比谷公会堂の指定管理者などを競争入札で受託しましたので、それなりに忙しい毎日でしたが、時間がまったくないわけではありませんでした。二〇〇四年には東京財団の研究プロジェクトに呼ばれて、黒川和美先生（法政大学）のご指導の下で『地域金融と地域づくり』という本の一部を書かせていただきました。

また私は、二〇〇五年一一月より、東京大学の総長室アドバイザー（非常勤）を務めていました。

東京大学との関わりも、後から考えてみれば「不思議な巡り合わせ」と言うほかはありません。友人から、東京大学の役員になったという挨拶状をもらって、遊びに行ったことがそもそものきっかけでした（飲み歩いていたかつての友人と東京大学のイメージが、私の頭の中では容易に結びつかなかったので、冷やかしにいったという方が、真相に近いかもしれません）。友人は、小宮山宏総長の依頼を受けて、ＵＤＰ（University Development Project）を推進しようとしていました。小宮山総長のお考えは、私なりに翻訳すると、以下のようなものでした。

①世界の大学ランキングで、日本の大学がトップ一〇に入れないということは、日本が衰亡する前兆である。
②日本の大学を再興し、トップ一〇入りを目指すためには、お金がいる。
③大学が社会・企業のニーズに応え、必死に汗をかかなければ（それがＵＤＰ）、お金は集まらない。
④東京大学は、リーディング・ユニバーシティであり、このような新しい運動（ＵＤＰ）をやることによって、日本の大学全体を目覚めさせたい。

私は、リーディング・ユニバーシティのくだりに、いたく心を打たれました。私が働いてきた日本生命では、尊敬する諸先輩からことあるごとに「日本生命はリーディング・カンパニーなのだから、生命保険業界全体のために率先して汗をかかなければならない」と教わってきたからです。小宮山総長にお昼をご馳走になった時（と言っても、総長室でのお弁当でしたが）、生意気な言い方ですがとてもチャーミングな方だったので、自然にお手伝いしたいという気持ちになりました。

帰社して、すぐに大星ビル管理の野呂社長に相談したら、「お手伝いしてあげたら」と即答してくださいました。そういうわけで、なかばボランティアのような形で、東京大学でも働くようになったのです。ところでＵＤＰとは、どういう仕事だったのでしょうか。一言で言えば、大学や先生方のニーズと社会・企業のニーズを合致させるよう、いわば「触媒」として双方の間を取り持つような仕事でした。

具体例をお話しした方が、おそらく理解が早いのではないかと思います。

ある時、総合研究博物館の西野嘉章先生が、次のようなことを言われました。

「東京大学は標本をたくさん持っていますが、（大学内の）展示スペースも限られているので、ほとんどが倉庫に眠ったままになっています。でも、標本も世の中に出たがっているのですよ。たとえば、蓄積から循環へ流動するミュージアムといった形で、博物館に来てもらうのではなく、博物館の方から街中や社会に出向いていく仕掛けをつくりたい」

パリで勉強された西野先生の熱のこもったお話を聞いているうちに、パリに長く駐在した興和不動産の名倉三喜男社長の顔が自然と浮かんできました。彼は、常々「上質で先進的な都市文化の創出を推進したい」と言っていたのです。

そこで私は、西野先生と名倉社長の会談をセットしましたが、最初の会談で、モバイルミュージアムを実現するという骨格がほぼ固まりました。実現するまでには、契約書の詰めなどを含めて、なお半年近い時間を要しましたが、興和不動産の「赤坂インターシティ」ビルの一階に、こうしてわが国初の産学連携プロジェクト「モバイルミュージアム」が完成したのです（興味のある方は、地下鉄の溜池山王駅で下車して、赤坂インターシティをお訪ねください）。

UDPはとても面白い仕事でした。私は、大星ビル管理と東京大学双方で、充実した毎日を送っていました。週末には、生涯で、生命保険以外にもう一冊「遺書」を残そうと思って「小説5000年史（仮題）」を編年体で書き始めていました。もちろんその時は、生命保険会社をつくることになろうとは夢にも思いませんでした。谷家さんと出会ったのは、こういう時期だったのです。その後の顛末は第1章に書いたとおりで、そこからライフネット生命が生まれたのです。今、振り返ってみて、なぜ、あの時谷家さんにイエスと答えてしまったのか、自分でも「直感」以外の回答が見つかりません。つくづく、人生は不思議で面白いものだと思わずにはいられません。

この六〇年間、私は、ほとんど病気らしい病気もせずに元気に働いてきました。食べ物の好き嫌いがまったくない健康な体に産んでくれた両親と、これまでの人生を支えてくれた家族には、本当に感謝しています。また、この歳まで何とか大過なく生きてこられたのは、人生のさまざまな場面でお世話になった諸先輩や同僚、友人の皆さんのおかげです。

還暦まで生きてきて、一番強く感じるのは、人との「出会い」や「ご縁」の不思議さです。少し柔らかい話でこの章を締め括ろうと思います。

ニューヨークに出張した時、日本生命のニューヨーク事務所のスタッフが「うさぎ」というピアノバーに連れていってくれました。日本人の女性がたくさんいて、私は請われるままに全員に名刺を渡しました。数か月後、その中の一人の女性から電話がありました。銀座の「うさぎ（本店）」に帰ってきたので来てほしい、ということでした。その日はたまたま予定がなかったので、同僚と一緒に「うさぎ」に行きました。

彼女は、フラメンコが趣味で、翌週の土曜日に渋谷で踊るのだと言って招待券をくれました。フラメンコは決して嫌いではありませんでしたので、誘われるままに同じ同僚と二人で渋谷の小さなお店に行きました。三人の女性が踊っているだけでほかに客は誰もいませんでした。店主らしいおじいさんが横に来て、フラメンコの話になりました。私は、セビージャやグラナダで見たフラメンコの話をしました。彼から、その店では、スペインだけをテーマにした新聞を出しているので、どんなテーマでもいいから何か書いてほしいと頼まれました。基本的に頼まれたことは断れない性格なので、私は、その晩「アンダルシアのユダヤ人」というエッセイらしきものを書き上げて、彼に送りました。

それから一年も経った頃でしょうか、私は、一通の手紙を受け取りました。京都外国語大学の坂東省次先生からでした。まったく知らない方だったので、きっと何かの間違いだろうと思って封を切りました。「くだんの新聞を読んだ。今度、アンダルシアが好きな人間が集まって本を出したいので、ぜひ新聞に書いたことを膨らませて原稿を書いてほしい」という依頼でした。

ニューヨークのピアノバーの一時間が、こうして『南スペイン・アンダルシアの風景』という一冊の本へとつながったのです。

第６章

直球勝負は始まったばかり

生命保険料は半額になった

ライフネット生命は、二〇〇八年九月一二日に初めての契約者アンケートの結果を公表しました。それによると、お客さまの五九％が三〇代、一九％が三〇歳未満、一五％が四〇代であり、九三％のお客さまが、私たちが想定した二〇代、三〇代、四〇代の子育て世代によって占められていました（図表6-1）。

次に加入状況ですが、新規加入が三七％、追加加入が二一％、これに対して見直しが四二％となっています（図表6-2）。生命保険の営業については、かねてより一部のエコノミストから「生命保険の見直し営業は、国民経済から見ると単なる同じ業態内の移転にすぎず、新たな付加価値を何も生み出していない」という厳しい批判がなされていました。しかし、ライフネット生命は、六割もの新規加入・追加加入という新たなマーケットの開拓に成功したのです。

最後に見直し前後の保険料についてですが、ライフネット生命に加入されたお客さまは、平均で月六九四二円の節約になったと回答されています。削減率は、四七％という回答が得られました（図表6-3）。

生命保険料は、ほぼ半額になったのです。ライフネット生命の「保険料を半額にしたい」

図表 6-1 ■契約者の年齢構成

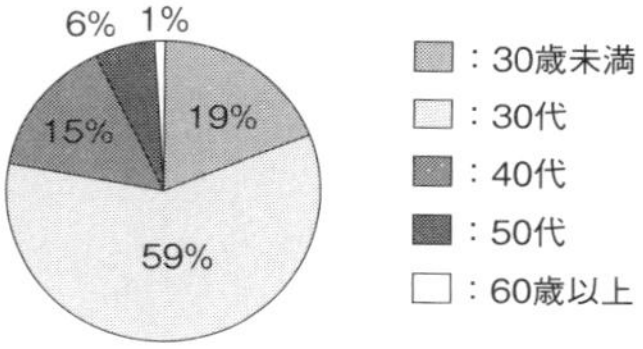

図表 6-2 ■契約者の加入状況

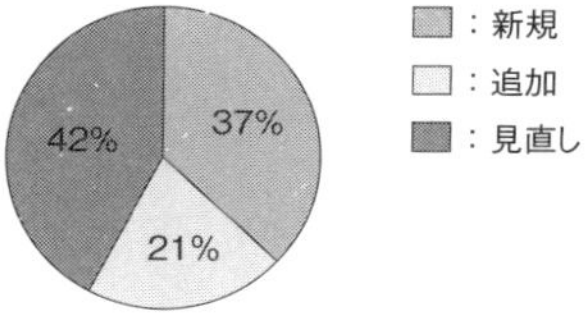

図表 6-3 ■月額保険料の削減状況

平均月額保険料	
保険検討・以前	保険検討・完了後
¥14,764	¥7,890
削減額	削減率
¥6,942	47.00%

・調査期間：2008年8月11日～9月2日
・回答者数：284名（うち、保険の見直しを行った方：120名）

というビジョンは達成できたのです。なお、見直しをされたお客さまの五五%が保障金額を減らした、二一%が保障金額を増やした、二四%が保障金額に変わりはない、と回答しています。

　私は、昔から友人には、生命保険について次のように話してきました。

①死亡保険金額（の目安）‥

　一人なら年収の一年分。

　二人になれば年収の三年分（ただしパートナーが正社員なら一年分のままでも

よい）。子どもが生まれたら、子ども一人につきプラス一〇〇〇万円。
②保険種類：勤務先にBグループ保険があればそれが一番。Bグループ保険がなければ、期間一〇年の掛け捨て型の定期死亡保険。期間を一〇年としたのは、一〇年も経てば家族の風景が違って見えてくるから、その時に見直した方がよいと思うので。なお、下の子どもが大学に入れば（卒業すれば）一人でも生きていけると思うので、極論すれば死亡保険はいらない。

今でもこの気持ちに変わりはありません。ただ、ライフネット生命の「かぞくへの保険（定期死亡保険）」のコンセプトは、一言で言えば、「Bグループ保険をバラ売りしたもの」です。しかもBグループ保険とは異なり、その企業を退職しても保障は継続されます。したがって現時点では、ライフネット生命の「かぞくへの保険」が、（Bグループ保険に比べても）一番よい商品だと思っています。

大切なポイントは、「生命保険料は必要最小限でよい」ということです。人間は動物であって「衣食足りて礼節を知る」という言葉があるように、衣食住を充足させなければ、ワークライフバランスよく生きることはできません。しかし、同時に「人はパンのみにて生くるにあらず」という言葉が示すように、人間は、映画や旅行など精神的な欲求をも満たさなければ生きていくことができません。ライフネット生命に加入することによって、もし毎月、七〇〇〇円近いお金が節約できるのであれば、赤ちゃんに少し上質の肌着を求めるとか二人で食事に出かけるなどして、豊かで文化的な生活を送るための出費に充ててほしいと願わずにはいられません。生命保険料が半額になっても、新規加入や追加加入という新たなマーケットを開拓すれば、生命保険の普及に貢献するのです。

私が創業にあたって立てた三つのビジョンのうち、一つ目の「保険料を半額にしたい」というビジョンは、こうして実現しました。

では、二つ目の「保険金の不払いをゼロにしたい」というビジョンはどうでしょうか。これはまだ開業して一年も経っていませんので、支払い件数はごくわずかです（二〇〇八年一二月末で給付金が三件）。私は、一〇年、二〇年が経過した時、ライフネット生命は開業以来保険金不払いがゼロという記録を更新し続けています、と市場で評価されるような会社になりたいと強く願っています。

比較情報の自由化には国の政策も必要

三つ目の「比較情報の自由化」についてですが、わが国では、この分野が一番遅れているのではないかと思います。この遅れを取り戻すためには、次のような政策の組み合わせが有効だと思われます。比較情報の自由化と、それに密接に関連する販売チャネルのいっそうの自由化に手をつけなければ、商品の自由化や保険料の自由化が進展しても、その果実がストレートに消費者に還元されるのは事実上困難になると言わざるをえません。

①商品の内容（約款）と商品の値段（保険料表）の開示の義務づけ。なお保険料表については、主契約単位、個別の特約単位ごとに開示。商品の内容や商品の値段がわからないと、そもそも、消費者団体のような第三者機関が、比較情報を作成することができません。通常の製造業（メーカー）は、商品の内容（スペック、性能）や商品の値段（希望小売価格）を、ずいぶん昔から公表しています。また、特約に相当する付属品（カメラの場合なら、広角レンズや望遠レンズなど）についても、同様に、商品の内容と商品の値段を公表しています。これは、ごく普通の商慣習と言ってよいでしょう。

②比較情報に係る規制の緩和。保険業法第三〇〇条に係る諸規制等を緩和して、比較情報をつくりやすくするようにすべきです。

③また、販売チャネルのいっそうの自由化を図るために、銀行窓販に係る圧力販売規制の緩和と法人代理店に係る構成員契約規制を廃止することが適当です。

図表6-4■生命保険のあるべき姿

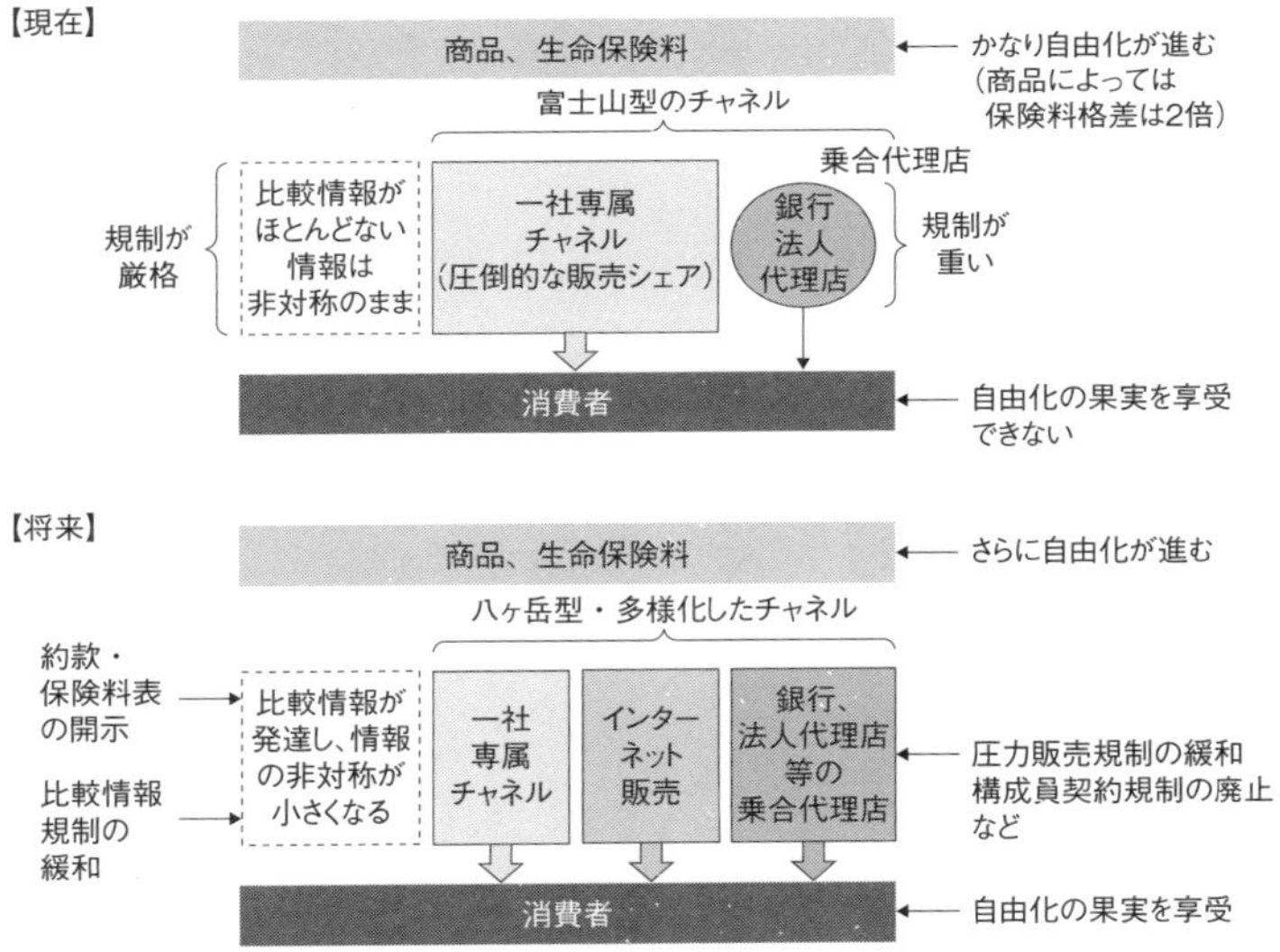

もちろん、生命保険業界の自助努力も必要ですが、免許事業であるという現実を踏まえれば、監督当局の政策の果たす役割がやはり重要なカギを握っていると思われます。以上の考え方を図示すると、図表6―4のようになります。

約款と保険料表開示の義務づけについては、規制の強化ではないかという意見もあるでしょう。しかしそれは、木を見て森を見ない類の意見であると私は思います。比較情報の自由化を進めるという消費者利益に直結した大きな森があり、約款と保険料表の開示の義務づけは、その森を構成する木にすぎません。それに約款を開示すれば、約款をよりわかりやすく読みやすくする方向のインセンティブが働くように思います。

もう一つお話ししておきたいことがあります。私は、セールスの役割を軽視しているわけではまったくありません。むしろその逆で、生命保険セールスは、これからもなくなることはないと信じています。優秀なセールスパーソンは、生命保険会社、銀行、乗合代理店どこであれ、将来も引く手数多であるに違いありません。私は募集人登録制度の運用をさらに弾力化して（たとえば、生命保険会社を辞めた翌日から銀行で働けるようにする）、優れたセールスパーソンの活躍の場を拡げた方が、消費者の利便性を高める観点からも、むしろ望ましいと考えています。

付加保険料の開示に踏み切る

「比較情報を発展させたい」というのは、ライフネット生命の創業時に掲げたビジョンでした。私は、お客さまが生命保険を「比較して納得して加入する」社会をつくるために、メーカーとして何をなすべきかと考えを巡らしました。そうして辿り着いた結論の一つが、付加保険料の開示でした。

生命保険料は、純保険料と付加保険料に大別されます。生命保険料は、長い間、監督官庁の認可対象とされてきましたが、付加保険料の部分については二〇〇六年四月より経営判断に委ねられることになりました。言うなれば、保険料の一部自由化が実現したのです。一九九五年の保険業法の抜本改正以来、一〇年以上の歳月を要したのは、この間に、保険金の不払い問題や生命保険会社七社の相次ぐ破綻など、不測の事態が生じたからです。付加保険料の設定が経営判断に委ねられるのであれば、開示も経営判断で行えばよい、私はそう考えるに至りました。

生命保険の世界が他の商品同様比較情報で溢れているのであれば、必ずしも付加保険料を開示する必要はありません。またお客さまにとっては、合計の支払保険料のみが意味を持つのであって、その内訳にはさほどの興味は示されないかもしれません。しかし、比較情報がほとんどない現状を鑑みれば、付加保険料を開示することによってお客さまが生命保険を比較する際の一つの判断材料を提供することには、間違いなく社会的な意味があると私は考えました。

開示すると決めた以上は早い方がよいと考えて、ライフネット生命が開業後、最初にお客さまに業績を報告する中間決算の日を選びました。そして、二〇〇八年一一月二一日に付加保険料の開示に踏み切りました。

ライフネット生命の付加保険料は、次の三つの合計額となっています。

契約一件当たり二五〇円（月当たり）
（営業）保険料（月額二五〇円の定額部分控除後）の一五％
予定支払保険金・給付金の三％

これは、二商品とも同じです。たとえば、三〇歳の男性が保険金額三〇〇〇万円、期間一〇年の定期死亡保険に加入した場合、月額保険料三四八四円に占める付加保険料は八一五円、割合にして二三％となります。図表6-5を見てください。ライフネット生命の年間保険料四万一八〇八円は、先の数字を一二倍して引き算すると純保険料三万二〇二八円と付加保険料九七八〇円に分解されます。健康体割引については、純保険料が異なりますので比較は困難ですが、A社からE社については、同じ日本人を対象にしていることから純保険料はほぼ同じであろうという推測がつきます（正確には各社の約款を見る必要がありますが、前述したように多くの場合約款は開示されていません）。

そこで、純保険料が同じ三万二〇二八円だと仮定すると、最も保険料の高いB社の付加

図表6-5 ■純保険料と付加保険料の内訳

◎個人保険契約条件：30歳男性、期間10年、保険金額3000万円、月払口座振替扱い

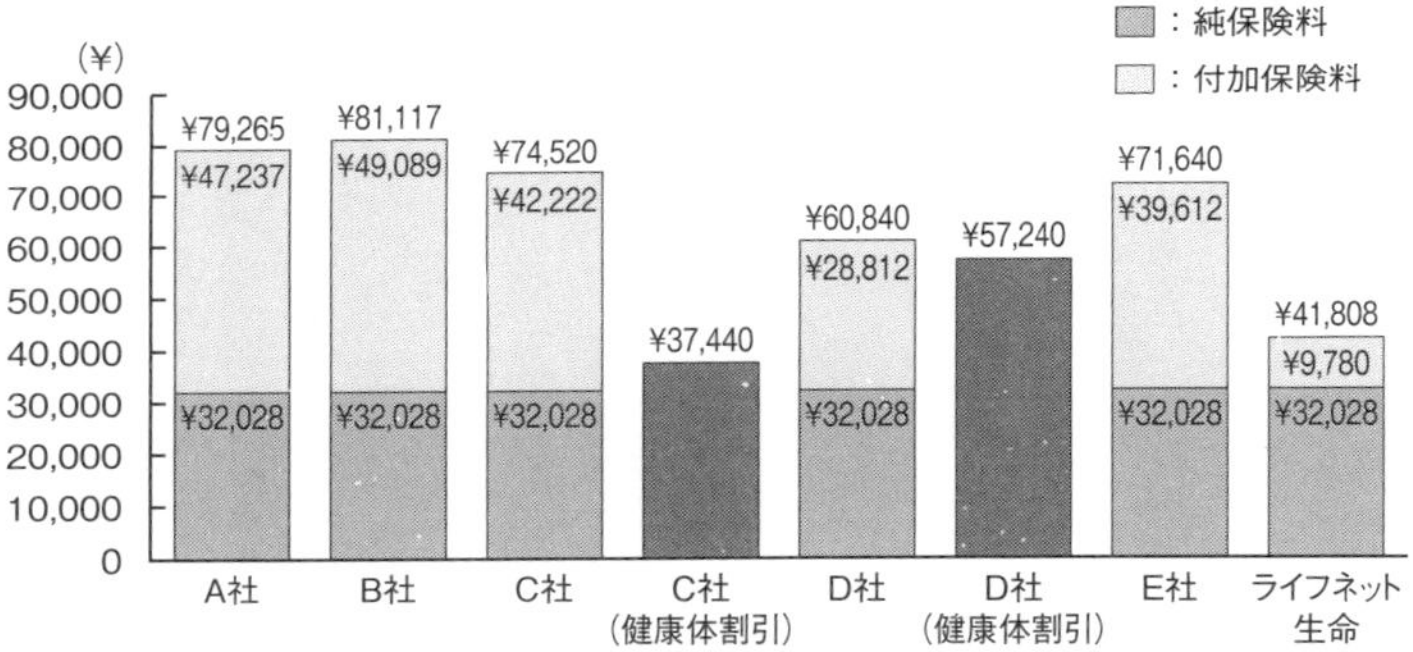

注1）健康体割引適用契約のうちC社は非喫煙条件あり
注2）A社とB社は有配当保険のため、両社開示の類似商品配当例の直近配当率から配当額を推定し年間保険料から減額した

出所：A社からE社までの年間保険料（合計）は深尾光洋氏が各社保険設計書、各社ディスクロージャー資料を基に作成（日本経済新聞、2007年10月24日「経済教室」に掲載）

保険料は四万九〇八九円となります。これは、ライフネット生命の五・〇二倍となります。

私は、付加保険料は提供するサービスに見合うべきものだと思っています。ライフネット生命はプル型のビジネスモデルです。インターネットで直販することと、商品の数を絞り、かつシンプルな商品を提供することで、コストを抑えています。私たちのウェブサイトは、できる限り工夫を凝らしており、また、コンタクトセンターも平日は夜一〇時まで開けていますので、自分でパソコンを操作して生命保険を契約できると自認されているお客さまにとっては、ライフネット生命の商品は有力な選択肢になりうると思っています。

しかし、たとえば高所得で多忙で時間がないお客さまなど、電話一本で飛んできてくれる優秀な生命保険セールスに対する需要には引き続き根強いものがあるでしょう。要は、お客さまが支払う保険料と受けるサービスの対応関係を十分理解したうえで、生命保険を自主的に選ぶことに尽きると私は思います。付加保険料が高くてもそれに見合ったサービスが提供されるのであれば、そうした生命保険会社は市場の支持を受けてきっと成長することでしょう。

繰り返しになりますが、ライフネット生命の付加保険料の開示が一つのきっかけとなって、生命保険を「比較して納得して加入する」気運が高まれば、これほど嬉しいことはありません。なお、一瞬ではありましたが（二〇〇八年一二月八日夜九時前後）、付加保険料の開示がヤフートピックスのトップニュースになりました。また私が書いているブログ（ライフネット生命「デグチがWatch」欄）への書き込みでは、ほとんどが付加保険料の開示に賛同するコメントで占められました。私は、付加保険料の開示については一定の世論の支持は得られたのではないか、と考えています。

保険金比例と保険料比例の付加保険料

付加保険料については、かねがね私が不満に思っていたことがもう一つありました。それは付加保険料の多寡ではなくて、その設定の方法についてです。付加保険料の決め方には、大別して二つの方法があります。伝統的な保険金比例という考え方と、保険料比例という考え方です。具体的なケースで、この二つの違いを考えてみましょう。保険金額を三〇〇〇万円として、期間一〇年、月払いの定期死亡保険を考えます。三〇歳の男女と五〇歳の男女を想定します。ライフネット生命の開示を参考にして、たとえば、三〇歳男性の純保険料は二六六九円、三〇歳女性の純保険料は一七二八円などとします。保険金額比例の場合、仮に付加保険料率を〇・〇一%とすると、付加保険料は三〇〇〇万円×〇・〇一%＝三〇〇〇円となります。この金額は、年齢、性別にかかわらず一定です。保険料比例の場合、仮に営業保険料（お客さまが実際に支払う保険料）の二五%を手数料としますと、三〇歳男性の場合は、x円（営業保険料）＝純保険料二六六九円＋付加保険料（x円×二五%）となりますから、営業保険料は三五五八円、付加保険料は八八九円と計算されます。こうして計算した結果が図表6-6です。

保険金比例の場合、付加保険料は常に一定です。これに対して、純保険料は年齢に比例

図表 6-6 ■付加保険料の設定方法（モデル計算）

		①保険金比例（既存生保の例）		②保険料比例（ライフネット生命が採用している方式）	
		男性	女性	男性	女性
30 歳	純保険料	2,669 円	1,728 円	2,669 円	1,728 円
	付加保険料	3,000 円	3,000 円	889 円	576 円
	付加保険料の割合	（52.9%）	（63.5%）	（25%）	（25%）
	営業保険料	5,669 円	4,728 円	3,558 円	2,304 円
50 歳	純保険料	13,984 円	7,249 円	13,984 円	7,249 円
	付加保険料	3,000 円	3,000 円	4,661 円	2,416 円
	付加保険料の割合	（17.7%）	（29.3%）	（25%）	（25%）
	営業保険料	16,984 円	10,249 円	18,645 円	9,665 円

①保険金比例と②保険料比例による合計保険料の計算イメージ
保険金額：3,000 万円（保険金比例の手数料は 3,000 円、保険料比例は 25%と設定）
保険期間・保険料払込期間：10 年　月払い　配当、解約返戻金なし
純保険料は①②ともにライフネット生命「かぞくへの保険」の公表数値（2008 年 11 月 21 日）を適用

して高くなりますから、歳を重ねるごとに営業保険料の中に占める付加保険料の割合は低下していくことになります。逆に、若年層や（死亡率が低くて純保険料の低い）女性の場合は、営業保険料に占める付加保険料の割合が高くなります。三〇歳の男性なら支払う保険料のうち五二・九％、三〇歳の女性なら六三・五％が付加保険料で占められることになります。年齢・性別にかかわらず、生命保険契約の維持には一定のコストがかかることには間違いがありません。しかし、わが国の若年層や女性は前述したように低い所得に喘

いでいるのです。このように考えれば、最も高額の保障を必要とする若年層に重い負担を課す保険金比例の考え方は、実質的な妥当性を欠くように思えてなりません。極論すれば、保険金比例の世界の主たる受益者は、税制面でのニーズにより高額の死亡保険を購入する男性の高齢者ぐらいではないでしょうか。

ライフネット生命は、前述したように、主として二〇代、三〇代、四〇代の子育て世代の保険料を半額にしたいと考えて設立した生命保険会社です。若年層や女性から高い付加保険料を取る保険金比例の考え方は、はなから論外でした。私たちは、保険料比例の考え方を基軸に据えました。こうした場合、たとえば五〇歳の男性の場合は、営業保険料が保険金比例のケースより、一・一倍ほど高くなります。しかし、五〇代の平均所得（七六〇万円）は、三〇代（五五五万円）の一・四倍もあるのです（図３−１）。家計に占める生命保険料の負担はさほど大きくはないはずです。しかも、高齢になればなるほど、必要となる保険金額は減少していきます。私が、下の子どもが大学生になれば、極論すれば死亡保険はいらない、と考えていることは前述したとおりです。

私は、付加保険料の開示によって、単に付加保険料の多寡を云々するだけではなく、その背景となっている付加保険料の設定の考え方についても市民、消費者の理解が深まり、議論が盛んになることを願っています。なお、もし興味があれば、純保険料を含めた生命保険料の算出方法については、別のところ（『生命保険はだれのものか』ダイヤモンド社）に書きましたので、読んでいただければ幸いです。

開業から現在（二〇〇九年二月）まで

二〇〇八年五月一八日の開業後は、試練の日々が続きました。約一か月を経た七月の冒頭には、保険金の不払い問題がようやく決着を見ましたが、大手生保四社を含む有力一〇社に業務改善命令が出されるという前代未聞の厳しい結果となりました。市民、消費者の生命保険に対する信頼感は不払い問題でもめにもめたこの四年の間に大きく損なわれてしまったのではないでしょうか。

九月にはリーマン・ブラザーズの破綻に端を発した世界的な金融・経済危機のなかで、トリプルAの格付けを誇っていた世界最大の生命保険会社ＡＩＧの雲行きが怪しくなり、政府の緊急支援を受ける結果となりました。それに伴って、ＡＩＧ傘下で活動していたわが国の三つの生命保険会社（アリコ、ＡＩＧエジソン、ＡＩＧスター）も売却されることになり、消費者の不安は高まりました（この三社は、まだ売却先が決まっていません）。さらに大和生命が破綻し、わが国の経済が急速に冷え込むなかで、消費も一段と落ち込み始めました。

図表6-7■申込件数の推移

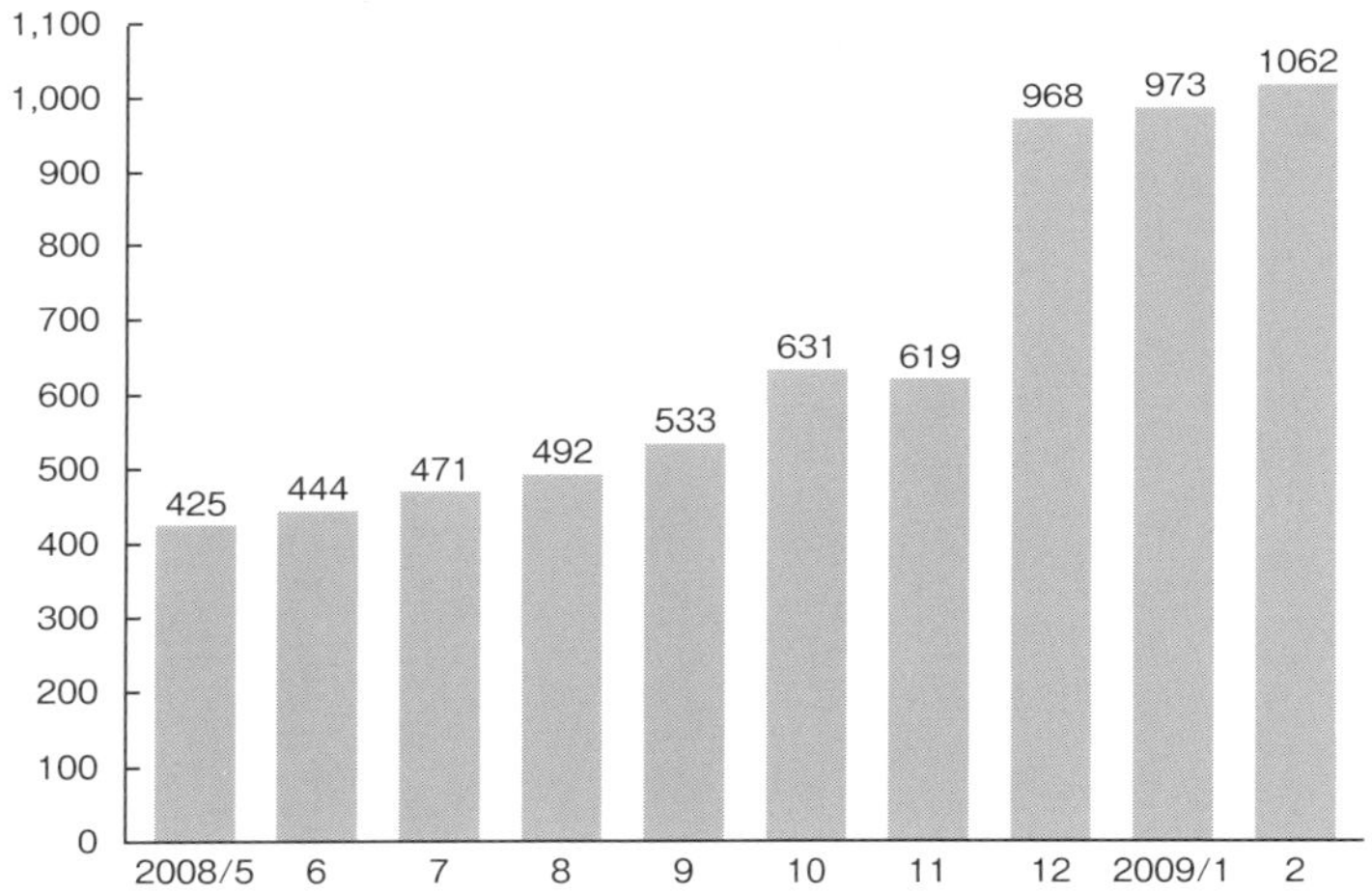

多くのエコノミストは、二〇〇九年度はさらに厳しいのではないかという見通しを立てているようです。

　このような厳しい経済環境のなかで、ライフネット生命は着実にお客さまを増やしてきました。図表6-7は、各月の申込件数を棒グラフにしたものですが、右肩上がりで申し込みが増えている状況が見て取れます。

　また、二〇〇八年四月七日に営業を開始したSBIアクサ生命とライフネット生命の業績には大きな差はありません。開業後現在までで約四〇〇〇件強（二〇〇九年二月末）という保有契約件数については事業計画を下回っていますが、メガバンクの銀行窓販と比較すると、私は個人的には健闘しているのではないかと考えています。メガバンクの保有契約件数は、日本経済新聞（二〇〇八年一二月二四日）によると二〇〇七年一二月から二〇〇八年一一月末までで、三井住友銀行が七七〇〇件、三菱東京ＵＦＪ銀行が六〇〇〇件などとなっています。メガバンクの圧倒的な知名度や手厚い専門販売員の配置（三井住友で二四〇人、三菱東京ＵＦＪで四五〇人）に比べ、ライフネット生命はほとんど知名度ゼロで、しかも一店舗（ウェブサイト）で戦っているのですから。

私自身は中長期的にはライフネット生命の将来を楽観しています。開業以来、本当に多くの皆さんとお話をする機会に恵まれました。そしてお話を聞いていただいたほとんどの皆さんが、ライフネット生命の理念（四つのマニフェストなど）や「生命保険は比較して納得して加入すべきだ」「そのために、お客さまに選択肢を提供したい」といった考え方に、理解と共感を示してくださいました。私は、お客さまに支持される企業は必ず伸びると固く信じています。あとは役職員五〇名の心を合わせて、そのスピードアップを心がけるだけです。

二〇〇九年三月には嬉しい出来事がありました。ファイナンシャルプランナーなど一七人のプロが選んだ「自分が入りたい保険・死亡保障」部門で、ライフネット生命の「かぞくへの保険」がトップを取ったのです（『週間ダイヤモンド』三月一四日号）。プロの方に選んでいただけたということは、本当に嬉しいことでした。

ところで、生命保険を巡る大きな時代の流れのなかで、ライフネット生命は、具体的にどのような役割を果たそうとしているのでしょうか。私は、二つの大きな社会的な役割があると思っています。一つは、比較情報の自由化に関わるものです。ライフネット生命は、約款も保険料表も公開しています。加えて付加保険料（手数料）も公開したことは、お話ししたとおりです。私たちは、情報公開を徹底することによって、お客さまに、生命保険を選ぶ際の判断材料をより多く提供し、わが国の生命保険の比較情報の自由化に少しでも貢献したいと心から願っています。

もう一つは、販売チャネルの自由化に関わるものです。ライフネット生命は、お客さまに、「わかりやすくて安くて便利な」生命保険・サービスを提供するために設立された会社です。前述のお客さまアンケート調査によれば、六割のお客さまが新規加入および追加加入であり、私たちは、生命保険のマーケットを確実に拡げています。また、私たちのお客さまは、毎月の保険料負担が約七〇〇〇円軽くなった（削減率四七％）と答えています。新しいマーケットを開拓することと生命保険料を安くすること、この二つを両立させることで、明らかにライフネット生命は、消費者の利益に貢献しているのです。

私たちは、インターネット販売という新しい販売チャネルを確立し、八ヶ岳型の生命保険の多様な販売チャネルの実現に向けて貢献していくことが、ライフネット生命の使命だと考えています。

働く喜びは、社会に役立つこと

現在、ライフネット生命では約五〇名の社員が働いています。小さな所帯ですが、ランニング部、水泳部、自転車部、ウォーキング部、スキー部と五つの運動クラブが活発に活動しています。いずれも自然発生的に生まれたもので、会社から補助金は一銭も出していません。私は、運動クラブができたことを聞いてとても嬉しく思いました。「よく遊び、よく学べ」ではありませんが、社員が自主的に伸び伸びと働くことが、ライフネット生命のこれからの発展のカギを握っていると考えるからです。

私たちは、一三二億円あまりの資本でスタートしました。ベンチャー企業としては、相当大きな額です。しかし、大手生保の資本は兆円単位です。ライフネット生命の一〇〇倍以上の大きさです。私は、既存の生命保険会社と同じことをやっていては、金輪際、競争に勝てないと思っています。既存の生命保険会社がやれないことを徹底的にやる、すなわち、異質の競争を行うことが、ライフネット生命の活路を切り開くのです。わが国では同質的な競争は激しく行われていますが、異質の競争となると、大いに疑問符がつきます。

異質の競争を行うためには、社員一人ひとりが、つねに生命保険の常識を疑い、think different を不断に行っていくことが求められます。そのためには社員一人ひとりの個性を伸ばして自由闊達な社風をつくっていく必要があります。言い換えれば、健全な身体に健全な精神が宿るように、社員一人ひとりが、元気で明るく伸び伸びと働けるような職場をつくっていくことが、社長である私の一番大切な仕事であると思っています。社員全員が、ライフネット生命で働くことが心底楽しい、朝起きたら早く会社に行きたいと心から思うようになれば、成功はなかば約束されたも同然だと思うのです。

働くことはパンのためですが、「人はパンのみにて生くるにあらず」という言葉がいみじくも示しているように、私たちは自分のやっている仕事が、世のため、人のために役立っているという確信が芽生えた時、本当に心の底から明るく元気に楽しく働けるのではないでしょうか。ライフネット生命の場合、その確信のよすがは、私たちのあるべき姿を要約したマニフェストだと思っています。

もう一つ大切に思っていることがあります。それは、お客さまを筆頭に、株主、ビジネスパートナーなどライフネット生命のすべてのステークホルダーとの間に強い絆をつくっていくことです。一言で言えば、共助の輪です。「正直に経営し、わかりやすく安くて便利な生命保険商品・サービスを提供する」というライフネット生命の理念（マニフェスト）を基軸にして、私たちの応援団を拡げていくことが何よりも大切です。この二年半あまりの間に、ライフネット生命プロジェクトが、実に多くの人々の厚意に支えられていることを何度も何度も身をもって痛感しました。開業以来、三回のお客さまとの集いを行いましたが、本当に教えられることばかりでした。これからも永遠に、お客さまの声を聴き続ける企業でありたいと強く念じています。将来的には、お客さまと一緒になって商品開発を行いたいというのが私の一つの夢です。

共感を呼び起こさないビジネスや社会的意義の乏しいビジネスは、長続きしないと思います。少子高齢化社会を誰もが危惧しています。ヒト、モノ、カネが集まらない社会が栄えた例はありません。生命保険は、子育て真っ最中世代に保障を提供することが、その本務です。ライフネット生命は、安心して子育てができるよう、二〇代、三〇代、四〇代の子育て世代の保険料を半額にしたい、というビジョンから出発した生命保険会社です。初心を忘れることなく、五〇人の仲間やお客さま、それに多くのライフネット生命を応援してくださる皆さんとともに、これからも一歩一歩着実に歩んでいきたいと考えています。

おわりに

開業後しばらくしてから、さわかみ投信株式会社の澤上篤人社長のところに、開業報告に伺いました。その時、澤上さんからライフネット生命の本を書くように勧められました。人間にとって一番わからないのは、実はおのれ自身だと言われています。私もそう思います。この本では、初めて自分のことを少し書いてみました。一番わからないことを書くのですから、自信はありません。それでも、澤上さんの勧めに従ってこの本を書こうと思ったのは、「ライフネット生命のことを少しでも知ってほしい」という思いを、どうしても、抑えることができなかったからです。

七四年ぶりに、独立系の生命保険会社をまったくの白地から立ち上げるというまたとない機会に恵まれた私は、できるだけ妥協を排して、理想の生命保険商品・サービスを実現しようと決意しました。そして、この二年間、原則として夜の会合などはすべてお断りして仲間と一緒に心血を注いで働いてきました。出来上がったライフネット生命は、一〇〇点満点とは言い難いのですが、それでも、私の主観的な評価としては、「どこよりも正直で、どこよりもわかりやすく、安くて便利な生命保険商品・サービスを提供する」生命保険会社をつくることができたという思いがあります。この思いのいくばくかを、読者の皆さまに、もし伝えることができたとすれば、これに勝る喜びはありません。

私は三〇歳の頃、時間に束縛されるのがいやで、腕時計を捨ててしまいました。同じような理由で手帳の類も一切使わないことにしています。したがって本書に記したことは、私の頭の中に残っていた記憶だけを頼りに書き綴ったものであり、記録は何も残っていませんので、多くの記憶間違いがあるかもしれません。どうか謹んでご寛恕をお願いしたいと思います。

ささやかな書物ではありますが、前著（『生命保険はだれのものか』）に引き続いてダイヤモンド社の岩佐文夫さんのご厚意がなければ、世に出ることはありませんでした。岩佐さん、本当にありがとうございました。また、ライフネット生命の川越あゆみさんと片田薫さんには、図表の作成などで大変お世話になりました。

ライフネット生命を、還暦の私が立ち上げることができたのは、ひとえに、ライフネット生命のビジネスモデルを信じて投資をしてくださった株主の皆さんと、一緒に汗を流してくれた岩瀬大輔君をはじめとするライフネット生命の仲間のおかげです。株主の皆さん、仲間の皆さん、本当にありがとうございました。

もちろん、生命保険会社を立ち上げたということは、単にマラソンの号砲が鳴ったということにすぎません。五年以内に保有契約一五万件以上を達成するという次の中間点まで仲間と一緒に完走し終えて初めて、還暦のベンチャーが本当の意味で立ち上がることは百も承知です。守成は創業より難し、という言葉もあります。これからがまさに正念場であり、全力でライフネット生命のテイクオフに向けて取り組まなければなりません。

この決意とともに、この拙い本を、ライフネット生命プロジェクトのファウンダーである谷家衛さんと松本大さんに心からの感謝の気持ちを込めて捧げたいと思います。

二〇〇九年三月

出口治明

【著者紹介】

出口 治明（でぐち・はるあき）

1948年、三重県美杉村生まれ。上野高校、京都大学法学部を卒業。

1972年、日本生命保険相互会社入社。日本興業銀行（出向）、生命保険協会財務企画専門委員会委員長（初代）、ロンドン事務所長、国際業務部長等を経て、2005年に日本生命保険相互会社を退職。東京大学総長室アドバイザー、早稲田大学大学院講師等を経て、現在、ライフネット生命保険株式会社代表取締役社長。

著書に『生命保険はだれのものか』（ダイヤモンド社）、『生命保険入門』（岩波書店）、『生命保険新実務講座』（共著、有斐閣）、『変貌する生命保険』（共著、金融財政事情研究会）、『南スペイン・アンダルシアの風景』（共著、丸善）、『新資源大国を創る』（共著、時事通信社）、『地域金融と地域づくり』（共著、ぎょうせい）等がある。

直球勝負の会社
——日本初！ ベンチャー生保の起業物語

2009年4月9日　第1刷発行

著　者 —— 出口 治明
発行所 —— ダイヤモンド社
〒150-8409　東京都渋谷区神宮前6-12-17
http://www.diamond.co.jp
電話／03-5778-7234（編集）　03-5778-7240（販売）
装丁 ———— 竹内雄二
DTP ———— クニメディア
製作進行 —— ダイヤモンド・グラフィック社
印刷 ———— 八光印刷（本文）・慶昌堂印刷（カバー）
製本 ———— ブックアート
編集担当 —— 岩佐文夫

ISBN 978-4-478-00887-4